动车组技术与运用管理

刘　鹏　李建新　韩茂鹏　◎主　编

黑龙江科学技术出版社

图书在版编目（CIP）数据

动车组技术与运用管理 / 刘鹏, 李建新, 韩茂鹏主编. -- 哈尔滨：黑龙江科学技术出版社, 2024.12.
ISBN 978-7-5719-2668-7

Ⅰ. U266
中国国家版本馆 CIP 数据核字第 2024HP0939 号

動车组技术与运用管理
DONGCHEZU JISHU YU YUNYONG GUANLI
刘鹏 李建新 韩茂鹏　主编

责任编辑	闫海波	
封面设计	了然文化	
出　版	黑龙江科学技术出版社	
	地址：哈尔滨市南岗区公安街 70-2 号　邮编：150007	
	电话：（0451）53642106　传真：（0451）53642143	
	网址：www.lkcbs.cn	
发　行	全国新华书店	
印　刷	哈尔滨午阳印刷有限公司	
开　本	787 mm ×1092 mm　　1/16	
印　张	10.25	
字　数	190 千字	
版　次	2024 年 12 月第 1 版	
印　次	2024 年 12 月第 1 次印刷	
书　号	ISBN 978-7-5719-2668-7	
定　价	59.00 元	

编委会

主　编

刘　鹏　中国铁路济南局集团有限公司济南机务段
李建新　中国铁路济南局集团有限公司机务部
韩茂鹏　中国铁路济南局集团有限公司济南机务段

副主编

于　涛　中国铁路济南局集团有限公司济南机务段
胡定宝　中国铁路济南局集团有限公司济南机务段
尹春阳　中国铁路济南局集团有限公司济南机务段
刘守义　中国铁路济南局集团有限公司济南机务段
郭振园　中国铁路济南局集团有限公司济南机务段
田平川　中国铁路济南局集团有限公司济南机务段

编　委

李　建　中国铁路济南局集团有限公司济南机务段
刘　浩　中国铁路济南局集团有限公司济南机务段
刘继凯　中国铁路济南局集团有限公司济南机务段
徐素宾　中国铁路济南局集团有限公司济南机务段
王振宇　中国铁路济南局集团有限公司济南机务段
王美娜　中国铁路济南局集团有限公司青岛动车段
李　烨　中国铁路济南局集团有限公司济南机务段
李天明　中国铁路济南局集团有限公司调度所

前　言

21世纪以来,全球范围内的高速铁路建设如火如荼,中国更是在这一领域取得了令世界瞩目的成就。动车组以其高速、安全、舒适和环保的特点,成为高速铁路运输的主力军。然而,随着动车组数量的增加和运营范围的扩大,对动车组的技术维护、运营管理等方面提出了更高的要求。在这样的大背景下,系统地总结和研究动车组的相关技术与管理知识,对于推动铁路行业的可持续发展具有重要意义。

本书从动车组运用管理概述、动车组转向架、车体及车端结构组成出发,针对我国CRH系列动车组,就引进的关键技术如交流传动技术、高速制动技术、控制和管理技术等进行了全面阐述。本书还探索了动车组运行组织管理、动车组维护与检修等内容,内容深入浅出、通俗易懂,可供轨道交通(铁路)工程技术人员、科研人员参考。

本书的编写目的主要有三个方面:首先,为铁路行业的工程技术人员、管理人员提供一本关于动车组技术与运用管理的专业书籍,帮助他们更好地理解和掌握动车组的相关知识;其次,为广大铁路爱好者和相关专业的学生提供一个学习和了解动车组的平台,激发他们对铁路技术的兴趣和热情;最后,为政策制定者和行业规划者提供决策参考,促进我国高速铁路事业的健康发展。

本书编写遵循继承与创新相结合及实用可行的原则,结构层次系统连贯,操作方式具体先进,旨在通过本书,提升铁路行业的技术水平和管理能力,促进国内外在动车组技术领域的交流与合作。此外,随着高速铁路的国际化发展,本书的出版也将为全球铁路行业的发展贡献中国智慧和中国方案。

目　录

第一章 绪 论

第一节 动车组

动车组是一种由动车(有动力)和拖车(无动力)组成的自带动力、两端均可操作驾驶、整列一体化设计的一组列车。动车组集成了当今世界的许多高新技术,主要应用的技术包括轮轨技术、交流传动、制动控制、列车运行控制,以及信息工程、空气动力学工程、人体工程、环境工程、可靠性与安全性技术等多个专业领域的研究成果。高速动车组也是高速铁路的标志性装置之一。

一、动车组的分类

动车组常见的分类方式有动力配置方式、牵引动力类型、转向架与车体的连接方式等。

(一)按动力配置方式分类

所谓动力配置方式是指在动车组编组中,根据动力车的数量和所处的位置进行分类。按照动车组动力配置方式可将动车组分为动力集中型和动力分散型动车组。

1.动力集中型动车组

动车组中两端为动力车(或一端为动力车,另一端为控制车)、中间为拖车的配置,称为动力集中型配置。其特点是两端的动力车均为一个完整的动力单元,与传统的机车相似,动力车只牵引,不载客。

2.动力分散型动车组

动车组编组中全部为动力车,或一部分为动力车,另一部分为拖车的配置,称为动力分散型配置。其特点是两节或两节以上的车辆组成一个动力单元,电动机驱动的动力轮对分散配置在所有车下或部分车下,将动力单元中的变压器或变流器等设备吊挂在不同车下,也可将动力装置吊挂在车辆下部,使动车组轴重比较均匀,整列车动车组可由若干个动力单元组成。

动力分散型电动车组的优点是能够实现较大的牵引力,由于采用动力制动的轮对多,制动效率高,且调速性能好,制动减速度大,故适用于限速区段较多的线路。同时由于将牵引传动系统的设备质量分散到各个车辆上,降低了动车组的最大轴重。动力分散型电动车组的缺点是牵引设备数量多,总质量大。车辆下部吊装的动力设备所产生的振动和噪声会影响车厢内的舒适度,增加隔振降噪的成本。

动力集中型电动车组的优点是故障率相对较高的机械和电气设备集中在2~3节车上,便于监测和维修保养。机械和电气设备与载客车厢相隔离,对车厢内噪声和振动影响小,与传统机车牵引的列车类似,可以灵活编组,便于运用和维修管理。动力集中布置的缺点是动车的轴重大,而高速动车组要求列车的轴重尽量轻。动车头车的制动能力受到黏着的限制,需要拖车分担部分制动功率,因此列车的制动性能欠佳。

(二)按牵引动力类型分类

按照牵引动力的类型可以将动车组分为电力动车组和内燃动车组。

1. 电力动车组

靠电气化铁路接触网供电,由牵引电动机驱动的动车组,叫电动车组(electric multiple units,EMU)。电动车组按电流制分为直流和交流两种,按照传动方式又可分为直—直传动、交—直传动和交—直—交传动3种。由于电力牵引具有牵引功率大、轴重轻、经济性好、利于环保等优点,因此,从世界各国高速铁路的发展状况来看,80%以上的高速动车组都是采用电力牵引。

2. 内燃动车组

用内燃机作为动力,通过电力传动或液力传动装置驱动动轮的动车组,叫内燃动车组(diesel multiple unit,DMU)。内燃动车组按传动方式又分为电力传动或液力传动两种。内燃动车组由于其投资少、见效快等优点,常常用于尚未电气化的高速铁路区段,或者作为发展铁路建设的一种过渡牵引形式。

(三)转向架与车体的连接方式分类

独立式动车组:转向架和车体采用传统的连接方式,每节车的车体都由两台转向架支撑,车辆与车辆之间通过车端连接装置相连接,动车组解编后车辆可以独立行走。

铰接式动车组:是将动车组车体与车体之间采用弹性铰相连接,在两个车体连接处共用一台转向架,因此每节车辆不能从动车组中解编下来独立行走。

倾摆式动车组:是指动车组在曲线线路中通过时,车体可以向曲线内侧倾摆的动车组。倾摆式动车组可应用于既有线路的提速。

二、动车组的基本组成

一般动车组有动车(M车)、拖车(T车)、带司机室和不带司机室等多种形式。通常动车组可以划分为7个部分,即车体、转向架、制动装置、车端连接装置、车辆内部设备及驾驶室设备、牵引传动与控制系统和列车控制网络信息系统。

(一)车体

动车组车体分为带司机室车体和不带司机室车体两种,其作用是安装基础+承载骨架。

车体是容纳乘客和司机驾驶(对于有司机室的车辆)的地方,又是安装与连接其他设备与部件的基础和骨架。通常,车体由底架、端墙、侧墙和车顶等组成。为使车体轻量化,高速动车组车体通常采用铝合金和不锈钢制造,而铝合金将是今后动车组车体的主导材料。

(二)转向架

转向架有动力转向架和非动力转向架之分,其作用是承载+转向+平稳(减振)+制动,而动力转向架还有驱动(牵引)功能。[①]

转向架位于车辆的最下部,车体与轨道之间。它牵引和引导车辆沿着轨道行驶,并承受和传递来自车体及线路的各种载荷,同时缓和其动作用力,它是保证车辆运行品质的关键部件。

转向架一般由轮对轴箱装置、构架、弹簧悬挂装置和基础制动装置等组成。而对于动力转向架还有驱动装置(包括牵引电机和传动齿轮)。

(三)车端连接装置

车辆编组成列运行必须借助车端连接装置,其中机械连接装置包括车钩缓冲装置和风挡等,同时还有车辆之间的电气和空气管路的连接,包括高压电器连接、辅助系统连接和列车供电连接以及控制系统连接等。

(四)制动装置

制动装置是保证列车减速或准确停车及安全运行所必需的装置。动车组通常采用动力制动和空气制动的复合制动模式。动车组制动装置包括基础制动装置和制动控制装置等。制动控制装置包括动力制动控制系统(如再生制动)、空

---

① 石广田,曹兴潇. 动车组工程[M]. 成都:西南交通大学出版社,2021:13-15.

气制动控制系统以及电子防滑器等。

（五）牵引传动与控制系统

牵引传动及控制系统的作用是实现电能有效传递和转化+控制列车正常运行。

动车组的牵引传动及控制系统主要是指动车（或）上的各种电气设备及其控制电路，按其作用和功能又可以分为主传动电路系统、辅助电路系统和电子与控制电路系统3部分。

主传动电路系统主要包括受电弓、主断路器、其他高压设备、牵引变压器、牵引变流器、牵引电机等。辅助电路系统主要由辅助变流器、蓄电池、充电机等组成。辅助供电系统供电的设备包括空气压缩机、冷却通风机、油泵/水泵电机、空气调节系统、采暖设备、照明设备、旅客服务设备及维修用电等。另外，辅助供电系统还具备应急供电功能。应急用电包括客室应急用电、应急照明、应急显示、维修用电、通信及其控制等。控制电路系统分为有接点的直流电路和无接点的电子电路，控制电路的作用是控制主电路和辅助电路各电器的工作，通过司机操纵主控制器和各按钮使列车正常运行或由列车自动控制系统控制运行。

（六）车辆内部设备及驾驶室设备

车辆内部设备的作用是保证乘客乘坐舒适性和车辆运行的平稳性。车辆内部设备包括服务于乘客的车体内固定附属设施和服务于车辆运行的辅助设备。属于前者的有车内电气、通风冷却、采暖、空调、座椅、拉手及旅客信息系统等。属于后者的有蓄电池（箱）、继电器（箱）、主控制（箱）、空气压缩机、总风缸、电源变压器、各种电气开关和接触器等。

（七）列车控制网络信息系统

该系统是基于计算机技术和通信技术的分布式计算机控制系统，提供整列车的控制、检测和诊断等功能。列车网络控制系统就是应用于列车上的计算机通信网络，已成为动车组的必备技术之一。该系统可实现各动力车的重联控制、全列车所有由计算机控制的部件联网通信和资源共享，实现全列车的制动控制、自动门控制、轴温检测及空调控制等功能。完成全列车的自检和故障诊断决策。列车网络控制系统主要由列车信息中央装置、列车信息终端装置、列车信息显示器（IC卡架）、各种列车和车辆总线、网关及车内各种设备的监控、诊断和显示装置组成。

第二节 动车组车辆

一、车辆特点

轨道车辆与其他车辆的最大不同,在于这种车辆的轮子必须在专门为它铺设的钢轨上运行。这种特殊的轮轨关系成了轨道车辆结构上最大的特征,并由此产生出许多其他的特点。

自导向:除轨道车辆之外的各种运输工具几乎全有操纵运行方向的机构,唯有轨道车辆通过其特殊的轮轨结构,车轮才能沿轨道运行而无须专人掌握运行的方向。[1]

低阻力:除坡道、弯道及空气对车辆的阻力之外,运行阻力主要来自走行机构中的轴与轴承以及车轮与轨面的摩擦阻力。车辆的车轮及钢轨都是含碳量偏高的钢材,轮轨接触处的变形较小,而且线路的结构状态也尽量使其运行阻力减小,故车辆运行中的摩擦阻力较小。

编成列:轨道车辆编组连挂组成列车运行。为了适应成列运行的特点,车与车之间需设连接、缓冲装置;且由于列车的惯性很大,每辆车均需设制动装置。

限尺寸:轨道车辆只能在规定的线路上行驶,无法像其他车辆那样主动避让靠近它的物体,为此要制定限界,严格限制车辆的外形尺寸以确保运行安全。

二、车辆主要技术参数

动车组主要技术参数是概括性地说明车辆技术规格的某些指标,从总体上表征车辆性能及结构的一些参数。一般分性能参数和尺寸参数两大类。

(一)车辆性能参数

1.自重、载重、容积

自重:车辆本身的全部质量,以吨(t)为单位,现代动车组每辆车的自重通常为45～55t。载重:车辆允许的正常最大装载质量,以吨(t)为单位。容积:车辆的装载空间,以立方米(m³)为单位。

2.设计速度(构造速度)

设计速度指设计车辆时,按安全及结构强度等条件所运行的车辆最高行驶

---

①吴丹.动车组概论[M].北京:北京交通大学出版社,2019:33-46.

速度。车辆实际运行速度一般不允许超过设计速度。

3. 轴重

轴重是指按车轴形式及在某个运行速度范围内该轴允许负担的最大总质量，包括轮对自重。轴重的选择与线路、桥梁和车辆走行部的设计标准有关。

4. 每延米轨道载重

每延米轨道载重是车辆设计中与桥梁、线路强度密切相关的一个指标，同时又是能否充分利用站线长度、提高运输能力的一个指标，其数值是车辆总质量与车辆全长之比。

对于动车组而言，该参数按设计任务书规定执行。

5. 允许(能)通过的最小曲线半径

指配有某种形式转向架的车辆，在站场、厂或段内调车作业(≤5km/h)时能安全通过的最小曲线半径。当车辆在此曲线路段上行驶时，不得出现脱轨、倾覆等危及行车安全的事故，也不允许转向架与车体底架或与车下其他悬挂部件发生碰撞。

6. 轴配置(一般用轴列式)

轴配置表示动轴和非动轴的排列情况，一般也叫轴列式。所谓轴列式就是用数字或英文字母表示车辆走行部结构特点的一种简单方法。通常，以英文字母表示动轴数(A——一根动轴，B——两根动轴，C——三根动轴等)，数字表示从轴数(1——一根从轴，2——两根从轴，3——三根从轴等)。注脚0表示动轴为单独驱动，无注脚表示每台转向架的动轴为成组驱动。

7. 最大起动加速度和平均启动加速度

最大起动加速度指列车在启动过程中(正常定员，直线和平道)中所能达到的最大加速度。一般要求不小于$0.4m/s^2$。平均起动加速度:指列车从0增至某一特定速度(一般为120~150km/h)之间的平均加速度。

8. 最大制动减速度和平均制动减速度

最大制动减速度指于额定载荷下，在空气制动和再生制动共同作用下列车制动过程中减速度所能达到最大的值。一般情况下，最大制动减速度不小于$1.0m/s^2$。平均制动减速度指列车在额定载荷下，从最大运行速度制动减速至停车过程中的平均减速度。

9. 紧急制动距离

从司机实施紧急制动的瞬间起，到列车速度降为0的瞬间止，列车所驶过的距离，称为列车紧急制动距离。

(二)车辆尺寸参数

1. 车辆定距

车体支承在前、后走行部之间的距离,若为带转向架的车辆,车辆定距即为相邻转向架中心距。

2. 转向架固定轴距

不论是二轴转向架或是多轴转向架,同一转向架前最前位轮轴中心线与最后位轮轴中心线之间的距离称为转向架固定轴距。

3. 车辆外形尺寸

车辆外形尺寸包括车辆全长、最大宽度和最大高度等。其中,车辆全长指车钩中心线连接长度;车辆最大宽度指车体最宽部分的尺寸;车辆最大高度指车辆顶部最高点距钢轨水平面的距离。车辆最大宽度和最大高度必须符合车辆限界的要求。

4. 车钩中心线高度

车钩高指车钩钩舌的水平中心线距轨面的高度。

5. 地板面高度

地板面高度指新造或修竣后空车地板面与钢轨顶面之间的距离。它受两个方面的制约:一方面,受车辆本身某些结构高度限制,如车钩和转向架;另一方面,又与站台高度的标准相关。

第二章 动车组运用管理概述

第一节 动车组运用概述及工作基本任务

一、动车组运用的特点

1964年,日本新干线开通运营,开启了世界铁路发展的新时代。1981年,法国高速铁路后来居上,将高速铁路的发展推上一个新台阶,同时带动了欧洲高速铁路的发展,意大利、德国、西班牙等国先后进入建设高速铁路的行列。2008年,中国拥有了第一条时速350km的高速铁路——京津城际铁路。2009年,中国拥有了世界上一次建成里程最长、运营速度最高的高速铁路——武广客运专线。

(一)世界高速铁路特点

1.输送能力大

高铁所能承受的旅客运输能力非常强大。目前各国高速铁路几乎都能满足最小行车间隔时间4min及其以下的要求,扣除夜间天窗维修时间4h,则每天可开行的旅客列车约为300对;以我国CRH$_1$型动车组为例,仅按8节小编组计算,每列车定员670人,年均单向输送能力接近7400万人;如果采用16节长编组动车,年载客量高达1.5亿人。

2.速度快

速度是高速铁路技术水平的最主要标志,各国都在不断提高列车的运行速度。日本、德国、西班牙和意大利高速列车的最高运行时速分别达到了300km、280km、270km和250km。如果做进一步改善,运行时速可以达到350~400km。除最高运行速度外,旅客更关心的是旅行时间,而旅行时间是由旅行速度决定的。以北京至上海为例,在正常天气情况下,乘飞机的旅行全程时间(含市区至机场、候检等全部时间)为5h左右,如果乘高速铁路的直达列车,全程旅行时间则为5~6h,与飞机相当;如果乘既有铁路列车,则需要15~16h。若与高速公路比较,以上海到南京为例,沪宁高速公路274km,汽车平均时速83km,行车时间为

3.3h,加上进出沪、宁两市区一般需 1.7h,旅行全程时间为 5h,而乘高速列车则仅需 1.15h。

3. 安全性好

高速铁路由于在全封闭环境中自动化运行,又有一系列完善的安全保障系统,所以其安全程度是任何交通工具都无法比拟的。

4. 正点率高

高速铁路全部采用自动化控制,可以全天候运营,除非发生地震。据日本新干线风速限制的规范,若装设挡风墙,即使在大风情况下,高速列车也只需减速行驶,比如风速达到每秒 25~30m,列车限速在 160km/h;风速达到每秒 30~35m(类似 11、12 级大风),列车限速在 60km/h,而无须停运。飞机机场和高速公路等,在浓雾、暴雨和冰雪等恶劣天气情况下则必须关闭停运。

正点率高也是高速铁路深受旅客欢迎的原因之一。由于高速铁路系统设备的可靠性和较高的运输组织水平,可以做到旅客列车极高的正点率。

5. 舒适方便

高速铁路一般每 4min 发出一列车,旅客基本上可以做到随到随走,不需要候车。为方便旅客乘车,高速列车运行规律化,站台按车次固定化,这是其他任何一种交通工具无法比拟的。高速铁路列车车内布置舒适,工作、生活设施齐全,座席宽敞,走行性能好,运行非常平稳,而且还减震、隔音,车内很安静。乘坐高速列车旅行几乎无不便之感,是一种良好的出行方式。

6. 能源消耗低

如果以"人·km"单位能耗来进行比较的话,高速铁路为 1,则小轿车为 5,大客车为 2,飞机为 7。高速列车利用电力牵引,不消耗宝贵的石油等液体燃料,可利用多种形式的能源。

7. 环境影响小

当今,发达国家对新一代交通工具选择的着眼点是对环境影响小。高速铁路符合这种要求,并明显优于汽车和飞机。

8. 经济效益好

高速铁路自投入运行以来,备受旅客青睐,其经济效益也十分可观。[①]

(二)国外动车组运用简介

动车组的运用方式因各国国情不同而有着较大的区别。各国高速铁路建设

---

①梁炜昭. 动车组运用与管理[M]. 北京:北京交通大学出版社,2022:26-30.

管理模式大致有4种类型:一是新建高速铁路专线,专门用于旅客快速运输,如日本新干线和法国高速铁路,均为客运专线形式,白天行车,夜间维修;二是新建高速铁路双线,实行客货共线运行;三是部分新建高速与部分既有线混合运行;四是在既有线上使用摆式列车运行,这常见于欧洲国家。

建设管理模式的不同,使得动车组的运用管理模式也不尽相同。

1.日本新干线动车组运用

日本新干线经过多年的实践,逐步总结、研究出一套具有日本特色的列车运用组织方法。其基本过程是:首先制定合理、准确地反映运输需求的列车运行计划,然后利用各种手段保证列车运行计划的实施,当发生列车运行波动时,采用必要的办法尽量快速恢复列车的稳定运行。日本新干线首先从分析旅客运输需求开始制订列车运行的种类及列车开行方案,在考虑车站、线路及其他设备和人员的条件下,形成基本列车运行图,充分考虑旅客季节性、临时性运输需求,在基本列车运行图基础上形成列车运行的实施计划。为了保证列车运行的可靠,在编制列车运行图的同时,完成动车组的运用计划、乘务员的运用计划。总结日本新干线动车组运用特点为:列车密度大,运行组织灵活多变;安全、准时;实行一体化管理。

2.德国ICE动车组运用

德国从20世纪70年代开始逐渐形成了四通八达的城际特快列车系统(IC系统),连接着多个重要城市和交通中心。德国高速铁路部分区段由既有线改造而来,全部高速线路均按客货列车混合运行。德国高速铁路的基本组织方式为白天不同速度的客运列车(高速列车、IC列车)混合运行,夜间客运列车、货运列车混合运行。德国之所以采用这种方式,主要是由于德国的区间通过能力比较富裕,而且既有线铁路列车技术水平与高速列车的差别不是很大。

3.法国TGV动车组运用

法国高速铁路在建设模式上采用部分修建新线、部分改造旧线的方式,以巴黎为中心向各个方向辐射,为客车专用铁路。每条高速线上只运行同一种类的高速列车,列车运行组织相对简单。列车运行线平行,列车只有停站地点和次数不同,整个列车运行图为平行运行图。为适应客流需要,在高速线上运行的高速列车可以下到既有线上运行。

列车运行图根据市场需求编制,充分考虑新线、既有线列车速度差以及换乘等问题,使高速列车和其他普通列车在班次上互相协调,在各大铁路枢纽站订出一套完整的转车方案;充分利用TGV高速列车可双向运行的特性,按照折返时间要求尽量把某一方向的列车时刻表和反方向的列车时刻表衔接起来；利用TGV高速列车可连挂的特性，在一天、一周及例外的高峰时刻，实行两组列车重联编组运行。根据运营要求合理安排线路维修天窗。

在编组动车组使用计划时，一般采用动车组长、短途结合，多次循环开行的方式，一些列车的整备工作在车站的侧线进行，大大提高动车组的使用效率。

二、动车组运用管理工作的基本任务

动车组是完成旅客运输生产任务的重要设备，动车组运用工作是铁路运输的重要组成部分，动车组运用管理采用现代化管理手段，建立、健全准确无误、反应迅速的通信网络、信息采集、数据处理系统，实行网络管理，实现有序可控。因此要求各级动车组运用人员具备高度的责任心和求实精神，热爱本职工作；对工作做到高标准、严要求，对技术做到精益求精；顾全大局，团结协作，服从命令听指挥；深入实际，调查研究，扎扎实实地做好各项工作。

动车组运用管理工作的基本任务是：管好用好动车组，优质高效地全面完成运输生产任务；加强安全管理，确保行车和人身安全；加强职工队伍建设，不断提高职工的政治素质、技术素质和文化知识水平；坚持改革开放，推广先进经验，遵循经济规律，促进资产回报，不断提高动车组运用效率。

第二节 动车组运用管理组织及内容

一、动车组运用管理部门的体制及职责

我国铁路运用管理工作贯彻"统一指挥，分级管理"的原则，以利于充分发挥各级运用管理组织的职能作用。运用管理组织机构包括中国铁路总公司、铁路局、动车段（运用所）。

（一）中国铁路总公司

对全路动车组运用工作统一规划，综合平衡。

制定有关动车组运用的规章制度及全路动车组运用工作人员的培训规划和动车组司机任职条件。

确定、调整全路动车组机型，审定各铁路局的年度动车组配属，编制动车组列车运行图，审批跨局动车组周转图、动车组交路，掌握乘务制度、动车组运转

制、动车组司机换班方式。

负责全路动车组调度指挥。

组织动车组司机考试、培训;审批动车组司机驾驶证。

(二)铁路局

执行中国铁路总公司的命令指示,根据中国铁路总公司有关规定,制定本局动车组运用的有关细则、办法和作业标准,明确动车组运用所的职能作用。

审定各动车组运用所的动车组运用计划。

审定各动车组管理单位提报的列车运行图和动车组周转图资料。

确定全局救援列车的配置,负责全局动车组管理及调度指挥。

审核上报动车组运用部门报表资料。

拟订本局动车组司机配备计划,组织动车组司机的选拔、考试。

(三)动车段(运用所)

贯彻执行上级的命令指示及有关规章、标准,认真执行列车运行图、周转图,按计划供应质量良好的动车组(机车),全面完成年、季、月度动车组(机车)运用计划。

加强对乘务员的管理,负责乘务员的任免、教育、培训、晋升考试及技术考核。

运用现代科技手段,强化安全管理,不断加强安全基础工作,质量良好地完成运输生产任务。[①]

二、动车组运用管理的内容

动车组的运用管理工作是高速铁路运输组织工作的重要组成部分,运用管理工作的内容丰富,范围广泛。

动车组运用管理的内容主要包括以下14个方面:①运用组织:统一指挥、分级管理。②动车组的运用:动车组交路和周转方式。③乘务员的使用:乘务制度和换班方式。④动车组能力:运行时分和技术作业时分。⑤动车组生产活动组织:动车组周转图。⑥动车组生产任务和指标:动车组运用指标计划。⑦调查研究:动车组运用分析。⑧行车安全:制度、措施和章程。⑨行车组织指挥:内外勤和地勤工作管理。⑩适应特殊情况下运输需要:专运动车组、机车(班)。⑪救援列车的管理和出动。⑫非值乘人员登乘动车组、机车的管理。⑬动车组的配属、调拨、回送、备用及保养。⑭乘务员的培养、教育、考试、提升和人事管理。

---

①时蕾,石高山. 高速铁路动车组运用与管理[M]. 成都:西南交通大学出版社,2021:58-60.

三、动车组的管理

(一)动车组配属与使用

动车组由中国铁路总公司统一管理,统一调配,实行配属制度。所谓配属制度,就是中国铁路总公司根据运输任务的需要和运输设备条件等因素将动车组配属给各铁路局、动车段使用和保管的制度,以完成运输生产任务。

配属原则:①根据铁路建设的规划发展和客运量的变化趋势,远、近期相结合,各地所配属的动车组要力求稳定,避免频繁调动。②车型力争集中统一,有利于动车组的运用管理与检修的布局安排。③要适应运输设备的基本条件,动车组的基本性能及构造条件要与该区段线路的限制坡道、钢轨重量、桥梁等级、最小曲线半径、允许速度、站线有效长度及气候特点等具体条件相适应。④车型配置应与修理工厂的专业化修车方案相吻合,并力求缩短动车组检修时的回送距离。

(二)动车组的管理分类

此处的分类是指从管理角度进行的分类,而非技术角度。由于动车组车型不同,运用情况复杂,为了正确统计、考核与分析有关动车组运用状况等,必须对动车组进行分类。按动车组的配属关系,分为配属动车组与非配属动车组;按动车组的支配使用关系,分为支配动车组与非支配动车组;按动车组的工作状况,分为运用动车组与非运用动车组。

1.配属动车组和非配属动车组

配属动车组:指根据中国铁路总公司配属命令,拨交铁路局、动车段保管和使用的动车组。包括:在工作中、等待工作中和技术作业中的动车组;在检修和待修中的动车组;在长期备用和短期备用中的动车组;等待报废和交接过程中的动车组。

非配属动车组:指原配属关系不变,由于工作需要,根据中国铁路总公司命令,由他局(段)派至本局(段)助勤的动车组,还包括某些临时加入支配的动车组,如跨段轮乘的动车组和未配给局(段),委托进行动力试验或运行考核的新造动车组。

配属、非配属动车组的转变时分:①凡新购置、新造或在段调拨的动车组,依据中国铁路总公司运用部门拍发的电报和机调命令,自实际交接完毕并共同签字时起加入配属。②在工厂或动车段修竣后调拨的动车组,自验收员签字时分起加入配属。③报废动车组,自中国铁路总公司核备"动车组报废申请核准书"

后并电复时分起取消配属。

2.支配动车组和非支配动车组

支配动车组是指本局(段)有权支配使用的动车组。支配动车组不一定都是本局(段)的配属动车组;本局(段)的配属动车组本局(段)也不一定都有权支配。

非支配动车组是指在配属动车组中本局(段)无权支配使用的动车组,其中包括根据铁路局命令批准的长期备用、出助的动车组,以及按租用合同办理的出租动车组。

3.运用动车组和非运用动车组

运用动车组指参加各种运用工作的动车组,包括担当工作以前必须进行必要的准备工作、等待工作的动车组,以及中间技术检查动车组和经中国铁路总公司命令批准的其他工作的动车组。

非运用动车组为未参加运用工作而处于停留或修理状态中的支配动车组,包括备用、检修及中国铁路总公司命令批准的其他动车组。

(三)动车组的调拨

动车组的调拨由中国铁路总公司决定,以运输局车辆部的电报和调度命令为准;动车组状态应符合运用条件。原配属单位应做好交接准备工作,填写移交记录,办理移交手续。

(四)动车组的回送

动车组因新配属、调拨、出助、出租、检修等需要时要进行回送。动车组的回送一般采用专列方式进行。按动车组动力可使用状态划分,可分为有动力回送和无动力回送两种,亦称为有火回送和无火回送。动车组的回送规范和既有线机车、车辆的回送有着较大的区别。

第三节 动车调度基本知识

一、动车组调度工作的基本任务

(一)列车调度员工作

列车运行是运输生产活动的重要环节。为了保证列车运行安全,完成列车运行图和日班计划,在调度机构中设有列车调度员。列车调度员负责指挥一个区段内与列车运行有关的生产活动,对列车运行进行调整。列车调度员必须熟悉与行车有关的生产人员(如车站值班员、机车司机等)和技术设备(如线路平、纵断面,车站到发线数量及其固定使用办法,机务整备设备以及信号、联锁、闭塞设备等),熟悉列车运行图、列车编组计划、车站行车工作细则等技术文件和有关的规章制度,掌握气候变化对列车运行影响的一般规律,善于针对不同的条件和列车运行情况,灵活运用各种运行调整方法,充分调动有关工种的积极性,组织他们按照列车运行图的要求进行工作。

(二)动车组调度工作的基本任务

动车组调度工作的基本任务是合理组织日常运输生产。保证完成和超额完成运输生产任务及各项技术指标;同时,还必须使车辆的分布和车流的构成经常处于月间技术计划规定的正常范围之内。

调度工作的具体任务是:①正确编制日(班)计划动车组周转图,并组织实施。②与行车调度员密切配合,组织均衡开车,保证动车组供应。③经济合理地使用动车组,提高动车组运用效率。④及时正确地处理日常运输生产工作中出现的问题,维护安全正点。发生行车事故和重点列车运行晚点,要及时查明情况,并逐级上报。⑤正确填记各种报表和台账。⑥掌握回送动车组动态。⑦加强与调度之间的联系,严格掌握动车组司机,按规定时间叫班,防止列车晚点和乘务员超劳。⑧经常深入现场、添乘动车组、熟悉情况,不断提高工作能力和指挥水平。

二、动车组的调度系统

铁路运输调度部门是铁路运输日常管理的指挥中心。为了进行运输生产指挥,必须具有完善的信息系统。铁路调度部门建立了下级调度向上级调度报告的制度,以便及时掌握运输生产过程中的各种有关信息,不误时机地处理有关问题。信息的搜集采取分阶段搜集和实时搜集两种办法。列车运行情况和安全情况应及时汇报,现在车的情况每 $3 \sim 4h$ 上报一次,每日运输生产完成情况则在当日18时进行统计。[①]

(一)我国铁路现有的调度系统

我国铁路运输调度系统由三级调度机构组成,即中国铁路总公司调度中心、铁路局调度中心、各站段调度室。

在这三级机构中,路局调度中心是直接指挥列车运行的,各站段调度室是具

①杨金凤. 市域铁路调度指挥系统管控一体化方案探讨[J]. 交通与港航,2024,11(01):28-32.

体执行者;而中国铁路总公司是全路运输日常计划的编制与分解机构,以分界站为基本控制点,在宏观上控制机车、车辆及车流,使其均衡交接。

(二)客运专线综合调度系统的基本结构

客运专线无论采用什么样的管理模式,全线旅客列车的运行都应统一编制计划,统一调度指挥。按照这一原则,全线可设一个综合调度中心,这个中心相当于原铁路调度系统中的分局调度所,其上不再设调度机构。综合调度中心直接指挥日常运输生产,它以行车为核心,围绕安全、正点,通过各专业调度台,向基层站段发布调度命令。基层站段是受令后的执行机构,按调度中心的命令组织实施。一个中心、两级管理,是客运专线调度系统的基本结构。

其中客运专线综合调度中心包括:计划调度台、列车调度台、动车底调度台、电力调度台、综合维修调度台、旅客服务调度台、防灾安全监控台。综合调度中心在行政领导中心主任之下设值班主任(即调度长)1人,视业务量可设1~2名值班主任助理,协助值班主任工作。各业务调度台视业务量可设若干分调度台。

(三)CTC系统

CTC系统,即分散自律调度集中系统。采用计算机分布式网络控制技术、信息化处理技术,将列车运行调整计划下传到各个车站自律机中自主自动执行;在列车运行调整计划的基础上,解决列车作业与调车作业在时间与空间上的冲突,实现列车和调车作业的统一控制。它由调度中心子系统、车站子系统和调度中心与车站及车站之间的网络子系统3部分构成。

调度中心子系统是CTC的网络核心,由中心机房设备及各调度台应用终端组成。中心机房设备包括:数据库服务器、应用服务器、通信服务器、日志服务器、网络通信设备、电源设备、网管工作站、系统维护工作站。调度台应用终端包括:行调工作站、助调工作站、综合维修工作站、计划员工作站、值班主任工作站、培训工作站、备份工作站等。

车站子系统是CTC系统的控制节点,主要设备包括车站自律机、车务终端、综合维修终端、电务维护终端、网络设备、电源设备、防雷设备、联锁系统接口设备和无线系统接口设备等。

网络子系统是调度中心子系统和车站子系统联络的桥梁,由网络通信设备和传输通道构成双环自愈网络,采用迂回、环状、冗余等方式提高其可靠性。

该系统的使用,实现了我国行车调度指挥自动化,将我国铁路的行车组织工作提高到了一个新的水平。

三、动车组调度人员配备

(一)组织领导

调度工作实行中国铁路总公司、铁路局、动车组运用所分层管理。业务管理分别由中国铁路总公司运输局车辆部、铁路局机务处、动车组运用所司机乘务车间负责。动车各级调度实行逐级负责制,下级调度必须服从上级调度的指挥;动车组司机及动车组行车工作人员必须服从调度的指挥。

(二)人员配备

各级调度员应从思想作风好、业务能力强的优秀司机中选拔,或在现职调度员中逐级选拔。新任用的调度员必须经过调度专业知识的培训。各级调度员的任命和调离,必须征得同级运用部门的同意。

(三)主要人员职责

1.列车调度员

列车调度员的职责如下:①履行铁路运输相关规定。②列车调度员是本调度区段行车工作的统一指挥者,指挥助理调度员通过CTC系统正确操纵所辖区段内各站信号设备,指挥综合维修调度员及时、正确地编发调度命令(行车凭证),并进行检查确认。③负责与计划、机调、客调等工种联系,及时、正确地在运行图上标注图表信息。④负责使用列车无线调度通信设备向车站值班员、司机、运转车长发布口头指示。

2.助理调度员

助理调度员的职责如下:①接受列车调度员的领导。②根据列车调度员下达的列车运行计划,随时监控管辖各站列车进路和调车进路的排列情况,必要时直接操纵车站信号设备。作业中,主动与列车调度员联系,优化作业组织。③在中心操作方式下,负责担任车站的调车领导人,根据日班计划、列车编组、车站现在车、装卸车进度等信息,及时编制调车作业计划;及时确认、修改列车编组顺序表、车站站存车等信息。④向车站和司机传送调车作业计划。⑤负责车站操作方式的转换,并在《行车设备检查登记簿》内登记。

3.综合维修调度员

综合维修调度员的职责如下:①接受列车调度员的领导。②及时发布列车运行、设备施工、检修等的调度命令及有关行车凭证。加强与施工调度员、供电调度员的联系,组织实现月度施工方案和天窗修计划。③遇CTC设备故障、施工、检修时,在《行车设备检查登记簿》或《行车设备施工登记簿》内与CTC电务值班人员办理登、销记手续。④协助助理调度员监控管辖各站列车进路和调车进路的排列情况。⑤对需要人工排列的进路,与助理调度员执行"二人确认制度"。

4.车站值班员

车站值班员的职责如下:①在非常站控模式和分散自律车站操作方式下,统一指挥车站的行车工作。②在分散自律控制下,负责接收调度命令、监视车务终端显示。根据调度员指示,亲自或指派人员对站内线路进行检查、确认,向司机、运转车长转交调度命令、交付行车凭证。③未设车站调度员(调车区长)的车站,在非常站控模式和车站操作及车站调车操作方式下,负责担任车站调车领导人,组织办理车站调车作业。④在中心操作方式或车站调车操作方式下遇信联闭设备故障时,根据调度员指示,负责接发列车进路的检查、准备,及时向调度员汇报。⑤负责本站有电、无电线路和电力机车(动车组)的标注。⑥负责车站分路不良区段空闲的确认。⑦配合助理调度员进行车站操作方式的转换。

5.信号员(长)

信号员(长)的职责如下:①按照车站值班员的命令,正确及时地准备接发车进路。②根据调车作业计划,正确及时地准备调车作业进路。③通过车务终端或控制台监视列车运行和调车作业动态。④监视设备状态,发生故障时及时向车站值班员汇报。

6.无人站综合维护人员

无人站综合维护人员的职责如下:①在中心操作方式下,负责车站分路不良区段空闲的确认。②发现设备故障或遇行车设备检修、施工时,负责《行车设备检查登记簿》和《行车设备施工登记簿》的登、销记手续,并及时通知有关单位。③负责防溜器具的保管工作。④负责故障车、事故车有关运输票据和回送单据的保管工作。⑤在非正常情况下,根据调度员指派担当基本的行车工作。⑥无调度命令无线传送系统时,负责调度员与司机(运转车长)间有关命令、指示、询问的传达;按调度员指示向司机、运转车长递交(转达)调度命令、行车凭证,通知司机发车。

7.应急行车人员

应急行车人员的职责如下:①在无人站信联闭设备故障等非正常情况下,根据调度员指派担任车站值班员、扳道员、引导员、助理值班员及调车有关工种工作。②根据调度员的指示,负责非常站控模式下接发列车和调车有关行车工作。③根据调度员的指示,负责向司机、运转车长转交调度命令和交付行车凭证。

四、动车组调度室的设备

各级调度室应配置下列设备。

第一,良好的通信、照明、取暖、降温设备和与行车有关的直通电话、录音电话等。

第二,调度相关文件。各级调度室应备有下列文件:①铁路行车技术、调度、故障处理等管理规程和各种动车组的检修规程,以及与行车有关的规章、命令、文件、电报等。②列车运行图、列车时刻表、动车组周转图及有关技术资料。③管内动车组运用所、车站平面示意图,列车操纵示意图,救援列车编组和停放位置等。④常用的技术业务参考书籍。

第三,各级调度的微机联网系统及传真设备等。

第四,动车组动态牌,运行揭示栏、天气预报板、安全成绩和动车组运用指标完成情况显示板,动车组运用计划公布板,动车组司机名牌及动态板等。

第五,调度室必须设有监控装置数据处理微机系统,除保证退勤分析外,还应配备两台以上指导司机分析微机。

五、动车组调度命令

各级调度遇到下列情况之一时,应分别代表中国铁路总公司、铁路局发布调度命令。

第一,动车组配属、回送。

第二,布置每日计划动车组周转图。

第三,发布事故通报。

调度命令下达之前,应充分了解现场实际情况,做出合理、正确的判断。各级调度之间的命令传递必须直接接受,并履行复诵制度。

第三章 动车组转向架、车体及车端结构组成

第一节 动车组转向架结构组成

动车组转向架是支撑车体并使之在轨道上运行、保证动车组安全平稳运行的关键部件。随着动车组速度的不断提高,对转向架性能的要求也越来越高。同传统转向架相比,保持高速运行的安全性、稳定性,充分利用轮轨之间的黏着力和减轻轮轨相互作用力是动车组转向架特有的任务和技术关键。

一、转向架的特点、组成及分类

(一)动车组转向架的特点

1.动车组转向架的性能特点

特点一:高速运行的适应性。

动车组转向架适应高速运行的特点指必须保证高速运行时的稳定性、平稳性和良好的曲线通过性能。

动车组转向架在其结构形式的选取、各种参数的匹配上均以满足高速运行为前提,采用成熟的技术、结构和部件构成,并对轴重、车轮踏面、形式等制定相应的限度,尽可能采用通用性强的零部件和结构,以便于维修、组装,保证动车组转向架适应高速运行这一特定工况。

随着世界铁路高速化的不断发展和完善,高速转向架的结构形式逐步趋向于类同,它们的主要特点是无摇枕、采用空气弹簧悬挂装置、有回转阻尼、加装弹性定位等。

特点二:良好的舒适性。

舒适性的提高与转向架直接相关的系统是二系悬挂装置(包含连接牵引装置),动车和拖车转向架的二系悬挂装置(设在轮对和构架之间的轴箱弹簧装置为一系悬挂装置,设在构架与车体之间的中央弹簧悬挂装置为二系悬挂装置),既要确保列车的舒适性又要满足轮轨接触力和稳定性方面的性能要求。

随着列车运行速度的提高,即使高速铁路的轨道不平顺比一般铁路要小,仍可能会引起车体和车内旅客承受很大的震动。空气弹簧的应用,成功地解决了车体振动,特别是垂向振动及乘坐舒适性问题。

特点三:结构简单与轻量化。

采用轻量化的无摇枕转向架、空心车轴、小直径车轮或薄辐板车轮以及轴箱、齿轮箱采用铝合金结构等,大大减轻了转向架的质量,特别是减轻了簧下质量,抑制了速度提高后线路基础振动的加剧,尤其是由此引起的线路疲劳损伤和环境噪声问题得到很好的解决。

特点四:方便的维修性。

动车组转向架具有便于组装、拆开的结构;方便轮对更换的二分割式轴箱结构;无滑动摩擦部分,能够长期免维修,保证了动车组转向架良好的维修保养性。

特点五:防止脱轨的安全性。

空气弹簧前后刚度的柔软化减少旋转力矩,轴重弹簧劲度系数的柔软化保证了出色的轮重变动特性,以及便利的轮重平衡调整,强化了动车组转向架在高速运行时防脱轨的安全性。[①]

2.动车组转向架的主要技术特点

动车组转向架的主要技术特点包括:①无摇枕转向架。②高速稳定性和曲线通过性能。③轻量化结构。④全部车轮装备有机械制动盘。⑤架悬式动车转向架安装小型感应电动机。⑥拖车转向架在车轴安装机械式或者涡流式制动盘。⑦全部车轮安装电子防滑装置,提高轮轨黏着利用率。

(二)转向架的基本组成

1.转向架的组成及各部分的功能

一般动车组转向架可分为动力转向架和非动力转向架,通常由轮对轴箱装置、一系悬挂装置、构架、二系悬挂装置、驱动装置(仅动力转向架上有)和基础制动装置组成。

轮对轴箱装置:轮对直接向钢轨传递车辆重力,通过轮轨之间的黏着产生牵引力或制动力,并通过轮对的转动实现车辆在钢轨上的走行和导向。轴箱装置是连接构架和轮对的活动关节,它除了保证轮对进行回转运动外,还能使轮对适应线路等条件,相对于构架上下、左右和前后活动。

一系弹簧悬挂装置:用来保证轴重均匀分配,缓和线路不平顺对车辆的冲

---

①王伯铭.高速动车组总体及转向架[M].2版.成都:西南交通大学出版社,2014:88-90.

击,还能使轮对适应线路等条件,相对于构架上下、左右和前后活动。它包括轴向弹簧装置、轴向定位装置和轴箱减振装置。

构架:转向架的骨架,它将转向架的各个零部件组成一个整体,承受和传递各作用力及载荷。

二系弹簧悬挂装置:也叫车体支撑装置,它是车体和转向架之间的连接装置,其作用是承受车体载荷,传递垂向和横向力,进一步缓和冲击振动,通过曲线时使转向架相对于车体回转,保证车辆的运行平稳性。它包括二系弹簧装置、二系减振装置、抗侧滚装置和牵引装置。

驱动装置(动力转向架):将动力装置的扭矩最后有效地传递给车轮,包括牵引电机、车轴齿轮箱、联轴节或万向轴和各种悬吊装置。

基础制动装置:将制动缸传来的力增大若干倍后传给执行机构进行制动。

2. 动车组转向架力的基本传递过程

垂向力(车体重量)的传递过程:车体→二系悬挂装置(二系弹簧)→构架→一系悬挂装置(轴箱弹簧)→轮对→钢轨。

纵向力(牵引力和制动力)的传递过程:钢轨→轮对→一系悬挂装置(轴箱定位装置)→构架→二系悬挂装置(牵引装置)→车体→车钩。

横向力的传递过程:钢轨→轮对→一系悬挂装置(轴箱定位装置)→构架→二系悬挂装置(横向止挡)→车体。

(三)转向架的分类

由于转向架的用途不同,运行条件差异,对转向架的性能、结构、参数和采用的材料及工艺等提出了不同要求,从而出现了多种不同的转向架,各种转向架主要的区别在于,轴箱定位的方式、弹簧装置的形式、载荷传递的方式等。

1. 按轴箱定位方式分类

约束轮对与轴箱之间相对运动的机构称为轴箱定位装置,它对转向架的横向动力性能、抑制蛇形运动具有决定性作用。轴箱定位装置在纵向和横向要求具有适当的弹性定位刚度值,从而避免车辆在运行速度范围内蛇形运动失稳,保证在曲线运行时具有良好导向性能,减轻轮缘与钢轨的磨耗和噪声,确保行车安全和平稳性。

常见的轴箱定位方式如下:①拉板式定位(如日本0系和100系转向架)。②拉杆式定位(有双拉杆和单拉杆两种形式)。③转臂式定位(如CRH$_1$、CRH$_2$和CRH$_3$型动车组转向架)。④层叠式橡胶弹簧定位。⑤干摩擦导柱定位。⑥导框式定位(主要应用于客、货车)。

2.按弹簧悬挂装置分类

一系弹簧悬挂:在车体与轮对之间,只设有一系弹簧减振装置,它可以设在车体与构架间,也可以设在轮对与构架之间。采用一系悬挂,转向架结构比较简单,便于维修、制造,成本较低,一般多用于货车转向架。

二系弹簧悬挂:在车体与轮对之间设有二系弹簧减振装置,即在车体与构架之间设有弹簧减振装置,在构架与轮对之间设轴箱弹簧减振装置,两者互相串联使车体振动经历两次弹簧减振的衰减。高速列车通常采用二系悬挂转向架。

3.按车体与转向架之间的载荷的传递方式分类

心盘集中承载:车体上的全部重力通过前后两个上心盘分别传递给前后转向架的两个下心盘。

非心盘承载:车体上的全部重力通过弹簧悬挂直接传递给转向架,或者通过弹簧悬挂装置与构架之间装设的旁承装置传递。

心盘部分承载:车体上的重力按一定的比例分配,分别传递给心盘和旁承,使之共同承载。

4.按有无动力分类

按有无牵引动力可以把转向架分为动车转向架和拖车转向架,一般在动力转向架上装有牵引电机和驱动机构。

二、轮对轴箱装置

(一)轮对

轮对由一根车轴和两个车轮组成,轮轴配合的部位采用过盈连接,使两者牢固地结合在一起。轮对承担车辆全部的重量,且在轨道上高速运行时承受来自车体、钢轨的各种作用力,受力情况极其复杂。轮对的质量直接影响列车运行的安全性,因此,对轮对的要求是有足够的强度,以保证在高速、最大载荷下安全运行;在保证足够的强度和寿命前提下,使其质量最小,并具有一定弹性,以减小轮轨间的相互作用力;具有阻力小,耐磨性好的优点,提高轮对的使用寿命,降低运行阻力;既能适应直线运行,又能顺利通过曲线,具有必要的抗脱轨安全性。

动车组轮对分为动力轮对和非动力轮对。动力轮对和非动力轮对的主要区别是动力轮对的车轴上有用于安装齿轮的齿轮座而通常没有安装制动盘的座,制动盘(轮盘)安装在车轮辐板上。非动力轮对车轴有用于安装制动盘(轴盘)的座而无齿轮安装座。

(二)车轴

车轴是转向架轮对中重要的部件之一,直接影响列车运行的安全性,又是转向架簧下质量的主要组成部分,特别是高速列车,降低列车簧下部分的质量对改善列车运行平稳性和减小轮轨之间的动力作用有重要影响。因此,高速列车车轴通常采用空心车轴,与实心车轴相比,可以减轻20%~40%的质量,一般可减重60~100kg,甚至更多。但是值得指出的是,不能为减轻簧下质量而一味地增大中空直径,因为空心车轴的壁厚太薄,会降低车轴的弯曲疲劳强度和摩擦腐蚀疲劳强度,同时为使车轴弯曲自振频率(壁厚减薄,其频率降低)远离车轴的高速旋转频率,以避免发生车轴弯曲共振,其壁厚不可太薄。国外实验研究表明,空心车轴内外径之比最大为60%。

车轴分动力车轴和非动力车轴。动力车轴由轴颈、防尘板座、轮座、齿轮箱轴承座和轴身组成,非动力车轴轴身上布置了制动盘座。

车轴由外向里各主要部分的名称如下:①轴颈,用以安装滚动轴承,承担着车辆重力,并传递各方向的静、动载荷。②防尘板座,是车轴与防尘板配合的部位,其直径比轴颈直径大,比轮座直径小,是轴颈与轮座的中间过渡部分,以减小应力集中。③轮座,是车轴与车轮配合的部位。为了保证轮轴之间有足够的压紧力,轮座直径比轮毂孔直径大0.10~0.35mm,同时为了便于轮轴压装,减少应力集中,轮座外侧直径向外逐渐减小,成为锥形,其小端直径比大端直径小1.0mm,锥体长12~16mm。④轴身,是车轴中央部分,该部分受力较小。其上通常设有安装制动盘的制动盘座、安装驱动齿轮的齿轮座和齿轮箱轴承座等。

(三)车轮

车轮是车辆的最终受力零件。它把车辆的载荷传递给钢轨,并在钢轨上转动,完成车辆的运行,其性能的好坏直接影响行车安全。

车轮的结构形状、尺寸和材质多种多样。按其用途可分为客车用车轮、货车用车轮、机车用车轮、动车/拖车用车轮;按其结构分有整体轮与轮箍轮。轮箍轮又可分为铸钢辐板轮心、辗钢辐板轮心及铸钢辐条轮心的车轮。整体轮按其材质又可分为辗钢轮、铸钢轮等。为降低噪声、减小簧下质量,国外还采用弹性车轮(轮箍与轮毂之间装橡胶原件)、消声车轮等新型车轮。

动车组车轮通常采用整体车轮,它包括:①轮缘:车轮内侧面的径向圆周突起部分,称为轮缘。其作用是防止轮对脱轨,保证车辆在直线和曲线上安全运行。②踏面:车轮与钢轨面相接触的外圆周面,具有一定的斜度。踏面与轨面在一定的摩擦力下完成滚动运行。③轮辋:车轮具有完整踏面的径向厚度部分,以保证踏面内具有足够的强度,同时也便于检修踏面。④轮辐板:连接轮辋与轮毂的部分,呈板状者称为辐板,辐板呈曲面状,使车轮具有弹性,则力在传递时较为缓和。⑤辐板孔:为了便于加工和吊装轮对而设,每个车轮上有2个。现在由于用途不大且易于其周围产生裂纹,同时还影响车轮的平衡性能,故在S形辐板车轮上已取消。⑥轮毂:车轮中心圆周部分,固定在车轴轮座上,为车轮整个结构的主干与支承。⑦轮毂孔:用于安装车轴,该孔与车轴轮座部分直接固结在一起。

车轮踏面一般做成一定的斜度,根据踏面的形状,可分为锥形踏面和磨耗型踏面。车轮踏面之所以做成一定的斜度,其作用如下:①便于通过曲线。列车在通过曲线时,由于离心力的作用,轮对将偏向外轨,于是在外轨上滚动的车轮与钢轨接触的部分直径较大,而沿内轨滚动的车轮与钢轨接触部分直径较小,轮对滚动时,大直径的车轮沿外轨行走的路程长,小直径的车轮沿内轨行走的路程短,正好和曲线区间线路的外轨长内轨短的情况相适应,这样可使轮对较顺利地通过曲线,减少车轮在钢轨上的滑行。②可自动调中。在直线线路上运行时,如果车辆中心线与轨道中心线发生偏离,滚动过程中能自动纠正偏离位置。③踏面磨耗沿宽度方向比较均匀。

锥形踏面有两个斜度,即1:20和1:10,前者位于轮缘内侧48~100mm,是轮轨的主要接触部分。后者为离内侧100mm以外部分。踏面的最外侧做成半径为6mm的圆弧,以便通过小半径曲线和辙叉。

磨耗型踏面是在研究和改进锥形踏面的基础上发展起来的。各国列车运行的实践证明,锥形踏面车轮的初始状态在运行中将很快磨耗,但当磨耗成一定形状后,车轮与钢轨的磨耗都变得缓慢,其磨耗后的形状相对稳定。如果把车轮踏面从一开始就做成类似于磨耗后的稳定形状,即为磨耗型踏面。磨耗型踏面可明显减小轮与轨的磨耗,减小轮轨接触应力,既能保证列车直线运行的横向稳定,又有利于曲线通过。

(四)轴箱

1.轴箱的作用与形式

轴箱装在车轴两端轴颈上,其作用是将轮对和构架联系在一起,使轮对沿钢轨的滚动转化为车体沿线路的平动,传递各方向的作用力,保证良好的润滑性能和密封性能,防止尘土、雨水等物侵入及甩油,从而避免破坏油脂的润滑,甚至发生燃轴、切轴等事故。

轴箱按照轴承类型可以分为滑动轴承轴箱和滚动轴承轴箱。现代机车车辆均采用滚动轴承轴箱,因为滚动轴承轴箱具有以下显著优点:启动阻力小,游隙小;维护方便、节油和节省有色金属;降低运营成本,减少燃轴的惯性事故等。

滚动轴承类型有圆柱滚子轴承、圆锥滚子轴承和球面滚子轴承等。目前世界高速铁路所采用的轮对轴承主要是圆柱滚子轴承和圆锥滚子轴承两种结构。在速度200~230km/h的情况下,两种结构形式的轴承都取得了较成功的实际使用经验,性能上无明显差异。

随着运行速度的提高,大量研究表明,采用圆锥滚子轴承性能优于圆柱滚子轴承的性能。这是因为在高速、高负荷情况下,圆锥滚子轴承的轴向负荷主要是由滚道承受(另有20%~30%是由内圈挡边承受),而滚子与滚道的接触面之间主要是滚动摩擦;但圆柱滚子轴承则主要是靠两个挡边承受轴向负荷,滚子端面与挡边之间是滑动摩擦。所以圆锥滚子轴承摩擦力矩小,小摩擦力矩导致温度低,从而提高了安全性,延长了润滑脂寿命。

2. 轴箱组成

轴箱装置包括轴箱体、轴箱压盖、轴箱前盖、轴箱后盖、轴承组、橡胶弹性定位节点、轴温检测器及橡胶盖等部件。轴箱上设有弹簧安装座和垂向减振器座,轴箱体设计为分体结构,其下部可分离以便更换轮对。

三、弹性悬挂装置

(一)弹性悬挂装置的作用与类型

列车在轨道上运行的时候,将伴随产生复杂的振动现象。为减少有害的冲击振动,车辆必须设有缓和冲击和衰减振动的装置,这些装置在车辆振动系统中被称为弹性悬挂装置。这些装置对车辆运行是否平稳,能否顺利通过曲线并保证车辆安全运行,都起着重要的作用。

1. 弹性悬挂装置的作用

弹性悬挂的作用主要体现在两个方面:一是使车辆的质量及载荷比较均匀地传递给各轴,并使车辆在静载状态下(包括空、重车),两端的车钩高度满足规定的要求,以保证车辆的正常连挂;二是缓和因线路不平顺、轨缝、道岔、钢轨磨耗和不均匀下沉,以及车轮擦伤、车轮不圆、轴颈偏心等原因引起的车辆的振动与冲击。

2. 弹性悬挂装置的类型

弹性悬挂装置按其作用的不同,大体可以分为三类:一类是主要用于缓和冲击的弹簧装置(轴箱弹簧和中央弹簧);二类是用于衰减(消耗能量)振动的减振装置(垂向、横向和抗蛇形运动减振器);三类是起定位作用的定位装置(轴箱定位装置、横向止挡、抗侧滚装置和纵向牵引拉杆等)。

按安装位置分为一系悬挂和二系悬挂,安装在轮对与构架之间的为一系悬挂,也称为轴箱悬挂装置;安装在构架与车体之间的为二系悬挂装置,也称为中央悬挂装置。

(二)一系悬挂装置

1.组成与作用

一系悬挂装置安装在轮对与构架之间,也称为轴箱悬挂装置。主要包括轴箱弹簧、垂向油压减振器和轴箱定位装置。其作用是缓和垂向冲击,约束轮对和构架之间的位置,传递纵横向力。

2.轴箱定位装置

约束轮对与轴箱之间相对运动的机构称为轴箱定位装置,它对转向架的横向动力性能、抑制蛇形运动具有决定性作用。轴箱定位装置在纵向和横向要求具有适当的弹性定位刚度值,从而避免车辆在运行速度范围内蛇形运动失稳,保证在曲线运行时具有良好导向性能,减轻轮缘与钢轨的磨耗和噪声,确保行车安全和平稳性。

轴箱定位装置的结构形式应该便于轴箱定位刚度的选择(可以在上下、前后、左右方向独立选择),能够在设定规格时兼顾高速运行的稳定性、乘坐舒适度,以及曲线通过性能,部件数量较少,无磨损或少磨损,制造检修方便,质量小,成本低。

轴箱的定位方式很多,动车组转向架常用的轴箱定位方式为拉板式、拉杆式和转臂式定位。典型的轴箱定位方式如下。

导框式定位:轴箱上有导槽,构架(侧架)上有导框。构架(侧架)的导框插入轴箱的导槽内,这种结构可以容许轴箱与构架(侧架)之间在垂向有较大的相对位移,但在纵向和横向仅能在容许的间隙范围之内有相对小的移动。

拉板式定位:这是日本新干线最早的0系动车组采用的轴箱定位方式。将特种弹簧钢材制成的薄片定位拉板的一端与轴箱连接,另一端通过橡胶节点与构架相连,利用拉板在纵、横向的不同刚度来约束构架与轴箱的相对运动,以实现弹性定位。拉板上下弯曲刚度小,对轴箱构架上下方向的相对位移约束很小。

拉杆式定位:拉杆的两端分别与构架和轴箱销接,拉杆两端的橡胶垫、套分别限制轴箱和构架之间的横向与纵向的相对位移,实现弹性定位。拉杆允许轴箱与构架在上下方向有相对较大的位移。

转臂式定位:转臂式定位又称弹性铰接定位,定位转臂的一端与圆筒形轴箱体固接,另一端以橡胶弹性节点与构架上安装座相连接。弹性节点允许轴箱与构架在上下方向有较大的位移,弹性节点内的橡胶件设计成使轴箱在纵向和横向具有约束定位的刚度要求。

层叠式橡胶弹簧定位:在构架与轴箱之间装设压剪型层叠式橡胶弹簧,其垂向刚度较小,使轴箱相对构架有较大的上、下方向位移,而它的纵、横向有适宜的刚度,以实现良好的定位。

(三)二系悬挂装置

1.作用与组成

二系悬挂装置是车体与转向架之间的连接装置,因此也叫车体支持装置,通常由空气弹簧系统、牵引装置、横向弹性止挡、抗侧滚扭杆、横向减振器和抗蛇行减振器组成。其主要作用是支持车体重力,保证纵向力(牵引力)和横向力的正常传递;保证轴重的均匀分配和车体在转向架的安定;运行转向架进出曲线时相对车体进行回转运动。

2.牵引装置

车体与转向架的连接装置有多种形式,可简单地概括为有牵引销(或心盘)+旁承和无牵引销(或心盘)+旁承两种形式。但根据不同的牵引装置结构,有牵引销(或心盘)形式又可以分为前后橡胶堆式和双Z形牵引拉杆形式,无牵引销(或心盘)形式又可以分为单牵引拉杆和四连杆机构式等多种不同形式。下面具体分析动车组转向架中应用的两种形式。

(1)牵引中心销+双牵引拉杆式

车体与转向架间采用双牵引拉杆的牵引装置,成Z形连接,由一个均衡梁、两个带有弹性节点的牵引拉杆组成。两个牵引拉杆将构架横梁和均衡梁在纵向连接起来,同时均衡梁上的中心销套与车体枕梁上的中心销配合传递转向架与车体之间的纵向力。铸钢制成的中心销通过螺栓与枕梁固定,硫化到铸铁套筒的橡胶与中心销底部相装配。

(2)中央牵引座+单牵引拉杆

为传递车体与转向架之间的纵向载荷,在车体枕梁中央安装了中央牵引拉杆座,通过单牵引拉杆与转向架构架横梁中心连接,牵引拉杆两端安装有橡胶关节。需要注意的是,牵引拉杆的安装有方向性要求,其设计原则要求与两侧的抗蛇行减振器的方向保持一致,即要求拉杆与车体中央牵引拉杆座的连接点及抗蛇形运动减振器的车体安装点处于车体中心同一侧。对牵引拉杆两端小脚节点的要求是,在满足纵向载荷的同时,不影响拉杆与中央牵引座连接点的垂向和横向位移。

牵引拉杆是传递车体与转向架之间纵向载荷的主要承载构件,无摇枕转向架的牵引拉杆形式主要有Z形双拉杆和单拉杆两大类型,表3-1对这两种牵引拉杆的特点进行了比较。

表3-1 两种牵引拉杆方式的比较

牵引拉杆方式	优点	缺点
Z形双拉杆	落车作业简单	结构复杂,占用空间大,质量大
单拉杆	结构简单,占用空间小,质量小	落车作业复杂

3.二系横向悬挂装置

二系横向悬挂装置用于控制车体相对于转向架之间的横向运动,主要由二系横向减振器、横向止挡和横向限位挡组成。

4.抗蛇行减振器

为抑制高速车辆的蛇形运动,在车体与转向架之间设有抗蛇行减振器。理论计算和运行实践均证明,这是非常有效的重要措施之一。它安装在转向架构架的外侧,呈纵向布置,有的动车组转向架每台设置2个(CRH$_2$型),有的每台转向架设置4个(CRH$_3$、CRH$_{380A}$和CRH$_{380B}$型)。

(四)弹性元件

1.螺旋圆弹簧

动车组车辆轴箱弹簧通常采用截面为圆形的圆柱压缩螺旋弹簧,螺旋圆弹簧采用冷轧钢制成并经过喷丸处理以增强韧性,其特点如下:质量小、运动灵活、无阻尼。

2.空气弹簧

空气弹簧系统由空气弹簧本体、高度控制阀、差压阀、附加气室、滤清器等组成。

压缩空气传递过程:压缩空气由列车主风管—T形支管—截断塞门—滤尘止回阀—空气弹簧储风缸—主管(在车底架上)—连接软管—高度控制阀—附加空气室和空气弹簧本体。

空气弹簧的类型:空气弹簧本体有两种形式,囊式空气弹簧和膜式空气弹簧

(约束膜式:内外筒+连接橡胶囊;自由膜式:上下盖板+连接橡胶囊)。气囊的上下支口为自密封结构。上盖板上设有定位柱,与车体相连,下部通气口与构架相连,为圆柱面并用O形圈密封。为使空气弹簧无气状态时转向架能够运行,一般在下支座上设有特殊的滑板,以提高转向架的曲线通过能力。橡胶堆的作用是在车体与转向架产生大位移时补偿胶囊本身的变位不足,并在空气弹簧胶囊出现故障时仍具有一定的弹性。通常,空气弹簧在附加弹簧内设置有固定阻尼孔,以提供二系垂向减振阻尼。

工作原理:初次启动列车时,二系悬挂空气弹簧气囊不充气。高度调整阀将运行使压缩空气可从AS流动进入气囊并使气囊膨胀。一旦达到了合适的地板高度,高度调整阀使压缩空气停止流入气囊从而将地板高度保持在稳定值。如果列车上乘客减少或位置移动而气囊过分膨胀,高度调整阀将运行以降低气囊内空气压力直到达到正常的地板高度。每个转向架的两只气囊(即左右横梁)都通过差动阀相连。如果气囊突然破裂或毁坏,差动阀将运行使转向架的两只气囊压力保持平衡。这可防止车辆一只气囊充气但另一只气囊没有充气而向一边严重倾斜。

自动高度调节装置:高度阀主要由高度阀座、高度阀、连杆和下座等部件组成。高度阀的主要作用及要求是维持车体在不同静载荷作用下均与轨面保持一定的距离;在直线上运行时,车辆在正常振动情况下不发生进、排气作用;在车辆通过曲线时,如果车体倾斜程度超过规定的数值后,转向架上的高度控制阀动作,通过对左右空簧的进、排气的控制来减少车辆的倾斜。

通过调整高度阀和转向架构架之间的螺纹杆的长度来调整由于车轮磨耗造成的车辆高度变化。在每次镟轮之后应进行这样的调整。车辆高度阀调节车辆垂向位移的不敏感带为±3mm,此时空气流通停止,避免空气的过度消耗。在不敏感带之后,空气流通保证了悬挂系统的减振功能。空气悬挂设备的空气信号与旅客载荷成比例,并传送到制动控制单元,用来对制动载荷补偿。

3. 橡胶弹簧

在现代车辆上,橡胶弹簧得到了广泛应用,其主要特点如下:①结构简单,质量小。②减振性能好,特别是能吸收高频振动,且频率越高,阻尼越大(原因:振动时,橡胶变形→内部分子参数摩擦→消耗能量)。通常认为其相对阻尼系数 D= $0.03 \sim 0.05$。③维护简单,不必经常检查。④橡胶性能不稳定(温度高→老化,温度低→脆化),且制造工艺复杂。

一般情况下,橡胶弹簧只作为压簧和扭转簧,不作为拉簧,因为拉伸时,橡胶弹簧对局部缺陷和表面拉伤非常敏感。动车组车辆上的橡胶原件,主要应用于弹簧装置与定位装置。此外车体与构架、轴箱与构架、弹簧支撑面等金属表面直接接触部位之间,经常采用橡胶衬垫、衬套、止挡等橡胶原件。

4.抗侧滚扭杆

抗侧滚扭杆由扭杆、两个扭臂、两个可调连杆等组成,连接在构架和车体(枕梁)间,主要作用是减小车体的侧滚运动。

抗侧滚扭杆是一根弹性杆,它只阻止车体侧滚,不妨碍其垂向振动。其工作原理为两端装于构架上的轴套内,中间与簧上部分铰接。车体侧滚时,扭杆的转臂反向运动产生复原力矩,从而阻止车体侧滚;正常时,扭杆转臂同向运动,扭杆自由转动。转向架的两侧各有一根热装到扭杆上的扭臂,扭臂通过锥形接头和球形接头挠性连接到可调连杆上。可调连杆的另一端通过球形块连接到转向架构架上。通过这样的布置,车体的侧滚运动可转换为扭杆的扭转,因此,扭杆的扭转刚度可抑制车体的侧滚运动。

(五)减振元件

1.作用与类型

在现代轨道交通车辆上,广泛采用减振器与弹簧一起构成弹簧减振装置。弹簧主要起缓冲的作用,而减振器的作用是减小振动。减振器的作用力总是与运动方向相反,起着阻碍振动的作用。减振器能将机械能转化为热能,减振阻力的方式和数值不同,直接影响到振动性能。

减振器按阻力特性可分为常阻力和变阻力两种;按安装的部位可分为轴箱减振器和中央减振器;按减振方向可分为垂向、横向和纵向(抗蛇行)减振器;按结构特点又可以分为摩擦减振器和油压减振器。

2.摩擦减振器

摩擦减振器是借助金属摩擦副的相对运动产生的摩擦力,将车辆振动动能转变为热能而逸散于大气中,从而减小车辆振动。

摩擦减振器结构简单,成本低,制造维修比较方便,故广泛应用于货车转向架上。但它的缺点是摩擦力随摩擦面的状态的变化而变化,并且由于摩擦力与振动速度基本无关,有可能出现以下情况:当振幅减小时,摩擦阻力可能过大而形成对车体的硬性冲击;当振幅大时,摩擦阻力又显得不足而不能使振动迅速衰减。

3.油压减振器

油压减振器一般主要由活塞、进油阀、缸端密封、上下联结、油缸、储油筒及防尘罩等部分组成。油压减振器主要是利用液体黏滞阻力做负功来吸收振动能量。

活塞将油缸分为上下两部分,当活塞向下运动时(也称为减振器压缩状态),下部油液被挤压,在压力的作用下,通过心阀的节流孔进入油缸上部。当活塞下的液压油加于套阀环形面积上的压力大于弹簧的初压缩力时,套阀被打开,活塞下油压不断升高。活塞下的油压越高,套阀开程越大,心阀上的节流孔开度越大,下腔内的油大量流入上腔(打开套阀的目的:限制减振器油压)。当活塞向上运动(也称为减振器拉伸状态),上腔油液经过心阀上的节流孔流入下腔,活塞上升到某一大的数值时,加于心阀环形面积上的压力大于弹簧的初压缩力时,心阀开始下降,使节流孔开度增大,上腔的油大量进入下腔。拉伸和压缩时均产生阻力,该阻力的大小与油液的流速、节流孔的形状和孔径的大小有关。

当活塞上下运动时,由于活塞杆有一定体积,上腔和下腔体积变化不相等。设油缸直径为D,活塞杆直径为d,若活塞杆从初始位置Ⅰ向下移动距离S后到达位置Ⅱ。得出以下公式:

$$油缸下部体积缩小 = \frac{\pi S}{4}D^2$$

$$上部体积增大 = \frac{\pi S}{4}(D^2 - d^2)$$

$$上下两部分体积之差 = \frac{\pi S}{4}d^2$$

这样,油缸下部体积缩小,而上部体积增大而增加的油液多于上部所需补充的量。为保证减振器正常工作,在油缸外增加一个贮油筒,在油缸底部设有进油阀,当活塞缸由位置Ⅰ向位置Ⅱ运动时,油缸下部油液压力增大,迫使阀瓣紧紧扣在进油阀体上。同时,多余的油液通过阀瓣中间的节流孔流入贮油筒,实现油量调节。反之,活塞杆向上运动,上部因体积缩小而排出的油液量无法完全填充下部体积增大而需要的油量,所欠油量从贮油筒颈进油阀(阀瓣处于抬起状态)进入油缸下部,保证减振器正常工作。

油压减振器的优点在于它的阻力是振动速度的函数,因此它有较好的减振性能,得到广泛应用。一般液压减振器的阻尼特性为线性,即阻力与振动速度的一次方成比例。阻尼力主要取决于阻尼系数(节流孔的大小)和相对运动速度。

四、构架

(一)构架的作用与分类

构架用来联系转向架各组成部分,传递各方向的力,保持车轴在转向架内的位置。转向架构架就设计和制造工艺而言,分为铸钢构架和焊接构架。焊接构架又可分为钢板焊接构架和压型钢板焊接构架。铸钢构架由于质量大,铸造工艺复杂,动车组一般不采用。根据轴箱及其定位装置的结构,构架又分为有导框式和无导框式。构架采用无导框轴箱定位方式时不需要开切口,可避免强度削弱,同时避免了构架与轴箱间的摩擦副。近代干线电力机车,尤其是高速电力机车越来越广泛地采用无导框式钢板焊接结构的转向架构架。根据构架的结构形式,转向架构架有封闭式和开口式(或H式)构架之分。

(二)构架的组成

构架主要由左右侧梁,一根或几根横梁以及前后端梁组焊而成。有的转向架构架没有端梁,称为开口式或H形构架;有端梁的构架称为封闭式构架。侧梁是构架的主要承载梁,是传递垂向力、纵向力和横向力,固定轮对位置的主要构件。横梁和端梁用来保证构架在水平面内的刚度,保持各轴的平行及承托牵引电动机。

动车组转向架构架一般分为动力转向架构架和非动力转向架构架,它们的主要区别在于各安装座布置的不同。

五、基础制动装置

制动系统是保证高速动车组安全运行最重要的系统,也是一个非常复杂的系统。现代高速动车组通常采用动力制动和空气制动的复合制动形式。首先采用动力再生制动对列车进行调速,自动判断再生制动力不够时,再配合空气制动使列车进一步减速或停车。一个完整的制动系统包括两个部分:制动控制系统和制动执行系统。制动控制系统通常叫制动机,由信号发生与传输装置和制动控制装置组成,而制动执行系统通常叫基础制动装置。由于制动控制系统在第4章有详细说明,此处只讨论基础制动装置。

高速动车组必须能够迅速减速和停车,最大减速度达 $0.8 \sim 1.0 \text{m/s}^2$。同时,高速动车组规定的紧急制动距离为制动初速为160km/h时,紧急制动距离不大于1400m;制动初速为200km/h时,紧急制动距离不大于2000m。要满足上述要求或规定,必须依靠工作灵活、安全可靠的基础制动装置。

基础制动装置实际是整个动车组制动系统的最后执行机构,其主要作用如下:传递并放大制动缸所产生的压力到各个闸瓦(或闸片);保证各个闸瓦(或闸片)的压力大小基本相等。

(一)基础制动装置组成及其形式

基础制动装置由制动缸、制动传动装置、摩擦装置及其附属装置(间隙调整装置、防滑器等)组成。

基础制动装置按制动方式可分为:踏面闸瓦制动装置;盘形制动装置(有轴盘式和轮盘式之分);磁轨制动装置;涡流制动装置。

当然,如果按制动缸的类型来分的话,又可分为空气制动和液压制动两种。CRH_1、CRH_3 和 CRH_5 型动车组采用前者,即以纯空气盘形制动作为基础制动装置。而 CRH_2 型动车组采用后者,即首先将压缩空气经空—油转换装置(即增压缸)转换成高压油,再由该高压油驱动液压制动缸对制动轮盘(或轴盘)施加压力,属于典型的液压盘形制动。

(二)闸瓦制动

闸瓦制动是以闸瓦压紧车轮踏面,通过车轮踏面与闸瓦之间的机械摩擦产生制动作用的一种制动方式。它是目前普速列车采用的主要制动方式,简单可靠,在常速、中低速、速度为零时均有制动力,制动力的大小可以通过改变闸瓦压力来调节。这种制动方式在高速运行时不宜采用,因为高速情况下闸瓦与车轮踏面之间的摩擦系数小,制动力不够。若增大闸瓦压力以提高制动力,则会造成速度降至某一值时车轮被"抱死",产生滑行,制动力反而下降,而且车轮踏面、钢轨都会被擦伤。所以在高速列车上闸瓦制动不是主要的制动方式,它只能配合其他制动起到低速制动和停车制动的作用。

(三)盘形制动

盘形制动是动车组最普遍采用的一种制动方式。根据制动盘安装位置的不同,盘形制动有轴盘式和轮盘式之分。所谓轴盘式就是指将制动盘直接安装在车轴上,而所谓轮盘式实际上是将制动盘安装在车轮的两侧。

一般采用轴盘式盘形制动装置,当轮对中间由于有牵引电机等设备使制动盘安装困难时,可采用轮盘式盘形制动装置。

为了简化结构、减少杠杆数量、减小质量,进一步提高系统的灵敏度和效率,降低故障率和提高可靠性,通常盘形制动装置采用单元式结构,即将制动缸、杠杆、制动夹钳、自动间隙调整器和闸片托等集中在一个模块内,形成一个相对独立的制动单元,该制动单元与构架横梁或端梁的固定只需通过几个螺栓就能完成。

盘形制动装置制动时,首先由制动控制装置根据制动指令通过制动管将压力空气送入单元制动缸,推动制动缸的活塞伸出,带动一系列内部杠杆动作,使制动夹钳闭合,进而带动闸片夹紧制动盘,闸片和制动盘间发生摩擦,阻碍轮对旋转,最后通过车轮与钢轨间的黏着,产生一个与轮对(或车辆)运动方向相反的力,使轮对减速或停止。缓解时,制动控制装置将制动缸内的压力空气排出,制动缸活塞在制动缸缓解弹簧的作用下退回,通过各杆件带动闸片离开制动盘。

在制动过程中,动车组的动能大部分通过闸片和制动盘、车轮与钢轨间的摩擦变成热能,再经闸片、制动盘和车轮最终散发到大气中去。

盘形制动比较容易双向选择摩擦副,可以得到比闸瓦制动(踏面制动)大得多的制动功率。制动盘的材质有铸铁、铸钢和锻钢等多种,而闸片也有合成材料、粉末冶金等多种材料。城轨车辆由于车速较低,一般多采用铸铁盘配合成闸片。对合成闸片材料成分的选择,除满足制动摩擦性能的要求外,必须考虑对环境污染的影响,应符合有关环保要求。对高速动车组,其设计车速较高,可通过增设制动盘数量来满足制动要求。如不能增加制动盘数,则可通过改变制动盘和闸片的材质(如选择钢盘和粉末冶金闸片配合)来达到制动要求。

盘形制动几乎是所有动车组普遍采用的基础制动装置,主要原因如下:①盘形制动装置没有闸瓦对车轮踏面的摩擦,因而不存在对车轮的热影响,同时也减少了车轮的磨耗,延长了车轮的使用寿命。特别是对于采用橡胶弹性车轮的车辆来说,只能采用盘形制动装置。②盘形制动的散热性能比较好,所以摩擦系数稳定,能得到比较恒定的制动力。同时,其热容量允许其具有较高的制动功率。③可自由选择制动盘和闸片材料,使该摩擦副具有最佳的制动参数,可获得较高而稳定的摩擦系数。故可减小闸片压力,缩小制动缸及杠杆尺寸,减小制动装置的质量。④盘形制动运用经济。一般来说,盘形制动的闸片面积比闸瓦制动的闸瓦面积大,承受的压应力较小,其磨耗率也较小。⑤盘形制动代替踏面闸瓦制动后,将使簧下质量有所增加,同时使轮轨间的黏着系数有所降低(主要原因是盘形制动失去了对车轮踏面的清扫作用,从而使车轮踏面污染状况得不到改善,导致轮轨间黏着下降)。

(四)磁轨制动

磁轨制动也称轨道电磁制动,它是靠安装在转向架下面的电磁铁与钢轨之间产生的吸附作用,使车辆减速或停车的一种非黏着制动。

磁轨制动的工作原理:制动时,使升降风缸下降,将电磁铁放下,同时给电磁铁上的励磁线圈励磁,产生强大的磁场,使磨耗板吸附在钢轨上,它与钢轨之间产生吸力,该吸力使得磨耗板与钢轨间产生与车辆运动方向相反的摩擦力,最后通过升降风缸直接作用到转向架构架上,使转向架(或车辆)减速或停车。缓解时,切断励磁线圈中的电流以消除磁场,同时使升降风缸上升,将电磁铁收回离开钢轨即可。

磁轨制动装置有以下特点:①磁轨制动属非黏着制动,它利用电磁铁吸引钢轨产生摩擦来消耗车辆运动能量。②磁轨制动能得到较大的制动力,常被用作高速动车组和轻轨车辆紧急制动时的一种有效补充制动手段。

(五)涡流制动

涡流制动(Eddy Current Braking,ECB)是一种新型的、非接触式电磁制动方式。它利用导体(ECB盘)在磁场内切割磁力线产生电涡流,使导体内部发热,消耗车辆运动能量,达到使车辆减速或停车的目的。

涡流制动的工作原理如下:当需要制动时,给励磁线圈(电磁铁)通电,产生磁场,于是,安装在车轴上的ECB盘在该磁场内旋转切割磁力线,ECB盘与磁场的相互作用将阻碍轮对的旋转,最后通过车轮与钢轨间的黏着产生一个与轮对(或车辆)运动方向相反的力,使轮对减速或停止。这种ECB盘与磁场间的电—磁—热的相互作用就是制动力产生的根源。当需要缓解时,将励磁线圈(电磁铁)断电,磁场随之消失,ECB盘尽管仍然在该磁场内旋转,但已无磁场阻碍作用。

涡流制动的特点:①涡流制动是非接触式的,其制动线圈与ECB盘在任何时候都不发生接触,这样就不存在摩擦,当然也就避免了磨损。②由于制动过程中ECB盘与制动线圈不发生接触,因此车轮和构架在此过程中始终不会出现刚性连接,即不会出现轴箱弹簧短时"失灵"的状况,这将大大降低轮轨间的瞬时动作用力,减少轮轨损伤。③涡流制动仍然属于黏着制动范畴,ECB盘与制动线圈之间产生的电—磁—热相互作用只是属于整个车辆系统的内力,它必须最后通过外力才能阻碍车辆的运动,而这个外力只能通过轮轨间的黏着实现。④在动车组发生故障导致整车失电(如受电弓不能受流)时,涡流制动将不能工作,或者只能依靠车载蓄电池提供励磁电流才能产生制动,这对蓄电池的容量有较高要求。

六、驱动装置

(一)驱动装置的作用与组成

1.作用与组成

驱动系统的作用是将传动装置输出的功率传给动轮对。对于液力传动的动车,其驱动装置包括牵引万向轴和减速齿轮箱;对于电传动的动车,其驱动装置包括牵引电动机、电机悬挂装置和减速齿轮箱。

（1）牵引电动机

牵引电动机通常采用直流串励电动机或三相交流异步电动机。前者的调速方式由原来的直流变阻调速发展到现在的直流斩波调速；而后者多采用交流变压变频（VVVF）调速。由于与直流电动机相比，交流电动机具有质量小、体积小等诸多优势而成为高速动车组牵引电动机的发展方向。

（2）电机悬挂装置

根据牵引电机在车辆上的安装方式的不同，电机悬挂方式大致可以分为轴悬式、架悬式、体悬式3类。轴悬式的牵引电机一端用抱轴轴承支在车轴上，另一端弹性地吊在转向架构架上，由于大约一半的牵引电动机质量由车轴承担，另一半由构架承担，故又称为半悬挂式，适用于中、低速车辆或动车；架悬式的牵引电动机全部悬挂在转向架构架上；体悬式的牵引电动机全部或大部分悬挂在车体上。由于架悬式及体悬式牵引电机的质量均处于一系弹簧装置之上，故又称为全悬挂式，适用于高速车辆或动车。

其中，挠性浮动齿式联轴节式架悬式驱动装置在动力分散型动车组上得到了普遍采用，而且现代轻轨车辆和地铁车辆转向架也大多采用这种结构；而在我国最高速度小于120km/h的干线机车上，刚性轴悬式驱动装置也得到了广泛使用；轮对空心轴架悬式驱动装置则成功运用于最高速度大于160km/h的干线机车上；德国ICE1高速动车采用半体悬式驱动装置；法国TGV-A高速动车采用全体悬式驱动装置。

我国引进并合作生产的CRH$_1$、CRH$_2$和CRH$_3$型高速动车组均采用联轴节式架悬式驱动装置，而CRH$_5$动车组则采用万向轴驱动的全体悬式驱动装置。

（3）减速齿轮箱

减速齿轮箱由大齿轮、小齿轮和齿轮箱3部分组成。减速齿轮箱按其分箱方式不同可以分为整体箱和上下分体箱两类；按其转矩传递方式可分为单边（单侧）传动和双边（双侧）传动；按其齿轮形状可分为直齿和斜齿。减速齿轮箱究竟采用何种形式主要取决于动车的结构速度。

2.对电机悬挂装置的要求

电传动车辆的驱动装置是一种减速装置，用来使高转速、小扭矩的牵引电动机驱动阻力矩较大的动轴。其悬挂装置应满足以下要求：①应保证能使牵引电动机功率得到发挥。②牵引电机在安装上有减震的能力。③应不妨碍构架的振动和曲线通过。④应该简单可靠，具有最少量的磨耗件。⑤当牵引电动机或悬挂装置发生损坏时,易于拆卸。

(二)轴悬式驱动装置

轴悬式驱动装置的刚性轴悬和弹性轴悬两种形式,由于弹性轴悬目前很少应用,本节仅介绍刚性轴悬式驱动装置。

1.结构原理

刚性轴悬式驱动装置的结构原理如下:牵引电机的一端通过两个抱轴瓦(或轴承)支承在车轴上,另一端通过一根弹性吊杆悬吊于构架的横梁或端梁上,形成所谓的三点支撑。齿轮箱除了同样通过两个抱轴承支承在车轴上外,其靠近电机一侧则用螺栓与电机壳体固定在一起,由电机壳体提供第三点支撑。这样,除了满足齿轮箱的三点稳定支撑要求外,还能保证大、小牵引齿轮啮合过程的良好随动性和平稳性。

2.特点

第一,簧下质量大。电机质量的一半属簧下质量,导致轮轨动作用力大,特别是随着运行速度的提高,轮轨动作用力显著增大。

第二,牵引电机、轴承和牵引齿轮等主要部件的工作条件恶劣。

第三,由于其驱动扭转弹性很差,往往造成直流牵引电机的集电器过载甚至损坏。

第四,该驱动装置结构简单,检修方便。

3.适用性

刚性轴悬式驱动装置主要适用于运行速度较低的机车或动车,如 DF_4 和 SS_3 系列机车。

(三)架悬式驱动装置

所谓架悬式,实际上是指将牵引电机整个悬挂在构架上,其全部质量由转向架构架承担,不再与车轴发生直接的联系。牵引电动机与轮对之间需用能适应各个方向相对运动的弹性联轴器作为中间联结装置并传递扭矩。联轴器在结构上可以采用弹性元件(弹簧或橡胶块),也可以采用具有橡胶金属衬套的连杆关节机构。

架悬式驱动装置的结构形式很多,可以分为电机空心轴驱动装置、轮对空心轴驱动装置和挠性浮动齿式联轴节式架悬式驱动装置等。本节只分析挠性浮动齿式联轴节式驱动装置。

1. 结构原理

挠性浮动齿式联轴节式架悬式驱动装置的原理和结构组成如下:牵引电动机通过螺栓连接完全固定于构架横梁上,牵引电动机的输出扭矩经WN挠性浮动齿式联轴节传递给主动小齿轮,并通过齿轮的啮合将扭矩传递到从动大齿轮,进而驱动轮对旋转。其中从动大齿轮是直接压装在车轴上的,同时齿轮箱的一端通过抱轴承悬挂在车轴上,另一端通过弹性吊杆吊挂在构架横梁上。

2. WN 挠性浮动齿式联轴节结构及运动

WN挠性浮动齿式联轴节由半联轴节(外齿轴套)、外筒(内齿套筒)、中间隔板和弹簧等组成。该联轴节属于鼓形齿式结构,结构形式为左右基本对称,两个半联轴节分别通过键或锥面压装在电机电枢轴和小齿轮输入轴的轴头上,半联轴节的齿顶沿长度方向呈圆弧状,从齿顶方向看,各齿齿面均呈鼓形,而与之相啮合的外筒的内齿则无论齿顶还是齿面均为直线。正是由于半联轴节的齿顶和齿面都是圆弧形的,因此,整个联轴节是双活节的,是"挠性"的。半联轴节的外齿与外筒的内齿啮合在理论上属于点接触,在良好润滑的情况下,该啮合点会随各向运动而发生灵活变化,这就能保证外筒相对于半联轴节的轴向运动和挠曲运动非常灵活,外筒好像总是"漂浮"在半联轴节上一样。

WN挠性浮动齿式联轴节运动原理如下:当电机输出轴相对于(小)齿轮输入轴间出现轴向运动时,只是两个半联轴节的外齿在外筒的内齿中产生相互滑动,补偿其相对运动量,而半联轴节外齿和外筒内齿的啮合过程未受任何影响,因此,两轴间扭矩能够良好传递。

当电机输出轴相对于(小)齿轮输入轴间出现径向运动时,如电机输出轴向上跳动,与该轴连接的半联轴节的外齿将顶起左边的外筒,使整个外筒发生倾斜,这时右边的外筒与连接在(小)齿轮输入轴上的半联轴节外齿的啮合点产生相应变化,相互间也产生倾斜,这就使两轴的相对运动从空间上得到补偿。但在这个运动过程中,半联轴节外齿和内筒内齿始终相互啮合在一起,因此,两轴间扭矩的传递并未中断。

同样,当电机输出轴相对于(小)齿轮输入轴间出现相对偏转运动时,电机侧半联轴节的外齿在左边外筒内齿中产生相互滑动(即两者的啮合点出现相对运动),使整个外筒发生一定的倾斜。这时右边的外筒与连接在(小)齿轮输入轴上的半联轴节外齿的啮合点也产生相应变化,相互间也产生一定的倾斜,这就使两轴的相对偏转运动从空间上能够得到一定的角度补偿。但在这个运动过程中,半联轴节外齿和外筒内齿仍然始终相互啮合在一起,因此,两轴间扭矩的传递依然非常顺利。由此可见,WN挠性浮动齿式联轴节可实现电机输出轴相对于(小)齿轮输入轴间的相互跳动和偏转,且相对运动很灵活,运动阻力很小,同时能平稳传递牵引电机驱动扭矩。

WN挠性浮动齿式联轴节不仅具有补偿各种位移的能力,而且结构紧凑、传递运动准确、可靠等。但必须指出的是,在左右两个外筒中间一定要放置一块隔板,而在该隔板的两边分别安装一个弹簧(可以是橡胶块),主要作用是保持整个联轴节在工作过程中具有自动对中功能。

3. 特点

挠性浮动齿式联轴节式驱动装置具有如下特点:①簧下质量小(电机质量全部悬挂于构架横梁上称为簧上质量,但牵引齿轮的质量和齿轮箱质量的一半仍然属于簧下质量),减小了轮轨间的动作用力。②大大改善了牵引电动机的工作条件,牵引齿轮的工作条件并未得到改善。与刚性轴悬相比,牵引电机和牵引齿轮箱结构稍复杂。③拆装简单,检修维护方便。

正是由于这种挠性浮动齿式联轴节式(WN)架悬式驱动装置结构相对简单,再加上动力分散式动车组采用了质量很小的交流异步牵引电机,因此,这种驱动装置在高速动车组上得到了广泛使用。

(四)体悬式驱动装置

所谓体悬式,实际上是指将牵引电机完全安装在车体底架下面,其全部质量都由车底架承担,而驱动扭矩则由万向驱动机构(NNNXN轴)来传递。在这里"体悬式"中的"体"字其实就是车体的"体"。

牵引电动机体悬式驱动装置有多种结构形式,这里仅介绍其中一种低地板转向架使用的万向轴驱动的牵引电机体悬式驱动装置(我国的CRH$_5$型动车组转向架驱动装置结构与此类似)。

1. 结构原理

牵引电动机完全放置于(悬挂于)车体底架下面,通过万向轴将牵引电动机扭矩传递给安装在车轴上的齿轮传动装置,并且采用一对圆锥齿轮(即伞齿轮)作为牵引齿轮以实现万向轴和车轴之间的直角传动。而齿轮箱一端通过吊杆弹性悬挂于构架的侧梁(或横梁),另一端则借助滚动轴承抱在轮对车轴上。

万向轴在传递驱动扭矩的同时,能较好地补偿牵引电机与车轴齿轮箱之间各个方向的相对运动。

2. 特点

万向轴驱动的体悬式驱动装置具有如下特点:①牵引电动机完全放置于(悬

挂于)车体之上,可进一步减小转向架质量(特别是转向架的回转转动惯量),提高转向架高速运行时的平稳性和稳定性,同时充分改善了牵引电动机的工作条件。②车轴周围空间得到释放,有利于安装其他设备(如基础制动装置)。③牵引齿轮的工作条件与轴悬式相同,并未有所改善。④万向轴和圆锥齿轮传动系统的传动效率有所降低。⑤万向轴的制造工艺要求很高。⑥整个驱动装置结构复杂。

第二节 动车组车体结构组成

车辆供旅客乘坐的部分称为车体,它既是整个动车组的支撑骨架,又是各种设备的安装基础,同时还必须为广大旅客提供安全、舒适的乘坐空间。

动车组车体分为带司机室车体和不带司机室车体两种。

为了满足高速列车的运行要求,动车组车体的设计不同于我国现行通常的客车设计。动车组车体的设计应该在满足铁路限界的条件下,具有良好的空气动力学性能,具有轻量化的车体结构,很好的密封性能以及安全可靠的使用寿命。

一、车体的用途

车体的用途主要表现在以下方面:①用来安装各种电气设备和机械设备,并保护车体内各种设备不受雨、雪、风沙的侵袭。②是供旅客乘坐场所和乘务人员操纵、维修、保养机车的场所。③承受垂向力,承受车体内各种设备的重力,并经支承装置传给转向架以至钢轨。④传递纵向力,接受转向架传来的牵引力、制动力,并传给设在车体两端的牵引缓冲装置,以便牵引列车运行或实行制动。⑤传递横向力。在运行时,车辆要承受各种横向力的作用,如离心力、风力等。

二、动车组车体的构造要求

车体轻量化:设计寿命20年以上,轻型材料,合理的结构,恰当的工艺。

完好的空气动力学外形:头尾部细长流线型,裙板平滑过渡,受电弓具有良好的空气动力学性能。

严格的气密性要求:连续焊缝,气密风挡。

严格的防火要求:耐火材料,防火设备。

三、车体类型

(一)按车体材质分

车体按材料不同可分为耐候钢车体、不锈钢车体和铝合金车体3种。

普通碳素钢车体使用中腐蚀十分严重,为了提高车体的耐腐蚀性,延长车体的使用寿命,现在应用较多的是含铜或含镍铬等合金元素的耐腐蚀的低合金钢材料(或称耐候钢)。

(二)按车体承载方式分

根据车体承载情况,可以分为3类不同的承载结构。

底架承载式车体。这种车体,侧墙和车顶均不参与承载,所有载荷均由车体底架承担,因此底架必须保证足够的强度和刚度,因而底架较为笨重,其侧墙结构轻便,与底架进行简单的连接,甚至可以拆卸,不参与承载。

侧墙和底架共同承载式车体。这种车体,侧墙用型钢或钢板压型件焊成骨架,外面包以较厚的钢板,与车体底架牢固地焊成一个整体,共同承担设备的重力及其他载荷。

整体承载式车体。在板梁式侧墙和端墙上固接由金属板、梁组焊而成的车顶,使车体的底架、侧墙、端墙、车顶连接成一个整体,成为开口或闭口箱形结构,此时车体各部分结构均参与承受载荷,因而称这种结构为整体承载结构。[①]

四、动车组车体组成

动车组车体钢结构一般由底架、侧墙、车顶、前端墙(或车头)、后端墙以及波纹地板或空心型材加强的地板构成一个带门窗切口的薄壁筒形整体承载结构。

第三节 动车组车体相关技术

一、车体的轻量化技术

概括来说,动车组车辆车体结构轻量化的意义主要包括以下4个方面:①车辆自重减轻可以降低运行阻力,节省牵引和制动动力(能量)。②可减小对轨道的压力,从而减少车轮和轨道的磨耗。③降低车辆和线路的维护保养费用。④直接

---

①岳译新,朱卫,王赵华. 铰接式动车组车体结构设计[J]. 机车电传动,2023,(01):19-23.

减少车辆材料的消耗。

动车组车辆车体结构轻量化采取的措施主要有：采用不锈钢材料和采用铝合金材料。[①]

（一）采用不锈钢材料

采用半不锈钢（包板为不锈钢，骨架为普通碳素钢）或全不锈钢车体，免除了车体内壁涂敷防腐涂料和表面油漆，在保证强度、刚度的前提下，板厚可减小，从而达到车体薄壁化和轻量化的目的。一般不锈钢车体自重比普通碳素钢车体可减轻 1 ~ 2t（10% ~ 20%）。

（二）采用铝合金材料

由于铝合金的密度仅为钢的 1/3，而弹性模量也为钢的 1/3，因此，为了充分发挥材料的承载能力，铝制和钢制车体在结构形式上有很大的差异。在铝制车体结构设计中，车体主要承载构件一般采用大型中空宽幅挤压型材，以提高构件的刚度，充分发挥材料的承载能力，达到最大限度地减轻车体自重。

如果全车的底架、侧墙和车顶均采用大型中空截面的挤压铝型材拼焊，则与钢制车体相比，其焊接工作量可减少 40% ~ 60%，且制造工艺大为简化，质量也可减少 3 ~ 5t。同时，可保证车体承载结构在使用期内（25 ~ 30 年）不必维修或少维修。

二、车体的流线型技术

高速列车车体流线型主要包括两个方面的内容：车头头型和车身的外形。它们都与高速列车的空气动力学密不可分。本节就从最基本的列车空气动力学出发，来探讨车体流线型问题。

（一）列车空气动力学

随着列车运行速度的提高，周围空气的动力作用一方面对列车运行性能产生影响。同时，列车高速运行引起的气动现象对周围环境也产生影响，这就是高速列车的空气动力学问题。

1.动车组运行中列车的表面压力

从风洞试验结果来看，列车表面压力可以分为 3 个区域：①头车鼻尖部位正对来流方向为正压区。②车头部附近的高负压区：从鼻尖向上及向两侧，正压逐渐减小变为负压，到接近与车身连接处的顶部与侧面，负压达最大值。③头车车

---

①李国顺,郭力荣,陈璨,等. 高速动车组轻量化技术与应用研究[J]. 铁道车辆,2022,60(06):10-14+24.

身、拖车和尾车车身为低负压区。

因此,在动车(头车)上布置空调装置及冷却系统进风口时,应布置在靠近鼻尖的区域内,此处正压较大,进风容易;而排风口则应布置在负压较大的顶部与侧面。

在有侧向风作用下,列车表面压力分布会发生很大变化,尤其对车顶小圆弧部位表面压力的影响最大。当列车在曲线上运行又遇到强侧风时,还会影响到列车的倾覆安全性。

2.动车组会车时列车的表面压力

两列车交会时产生的最大压力脉动值的大小是评价列车气动外形优劣的一项指标。

在一列车与另一静止不动的列车会车时,以及两列等速或不等速相对运行的列车会车时,将在静止列车和两列相对运行列车一侧的侧墙上引起压力波(压力脉冲)。

这是由于相对运动的列车车头对空气的挤压作用产生空气压力波,该压力波在与之交会的另一列车侧壁上掠过,使列车间侧壁上的空气压力产生很大的波动。

试验研究和计算表明,动车组会车压力波幅值大小与下列因素有关:①随着会车速度的大幅度提高,会车压力波的强度将急剧增大。②会车压力波幅值随着头部长细比的增大而近似线性地显著减小。为了有效地减小动车组会车引起的压力波的强度,应将动车(车头)的头部设计成细长而且呈流线型。③会车压力波幅值随会车动车组侧墙间距增大而显著减小。为了减少会车压力波及其影响,应适当增大铁路的线间距。④会车压力波幅值随会车长度增大而近似呈线性地明显增大。⑤会车压力波幅值随侧墙高度增大明显减小,但减小的幅度随侧墙高度增大而逐渐减小。

高、中速列车会车时,中速车的压力波幅值远大于高速车(一般高1.8倍以上),这是由于会车压力波的主要影响因素是通过列车的速度。在高、中速列车会车时,中速车压力波主要受通过的高速车速度的影响,高速车压力波主要受通过的中速车速度的影响,所以中速车上的压力波幅值远大于高速车。

3.动车组通过隧道时列车的表面压力

列车在隧道中运行时,将引起隧道内空气压力急剧波动,因此列车表面上各处的压力也快速大幅度变动,完全不同于在明线上的表面压力分布。

试验研究表明,压力幅值的变动与列车速度、列车长度、堵塞系数(列车横截面积与隧道横截面积的比值)、长细比,以及列车侧面和隧道侧面的摩擦系数等因素有关,其中堵塞系数和列车速度影响最大。

4.列车风

当列车高速行驶时,在线路附近产生空气运动,这就是列车风。当列车以200km/h速度行驶时,根据测量,在轨面以上0.814m、距列车1.75m处的空气运动速度将达到17m/s(61.2km/h),这是人站立不动能够承受的风速。当列车以这样或更高的速度通过车站时,列车风将给铁路工作人员和旅客带来危害。

高速列车通过隧道时,在隧道中所引起的纵向气流速度约与列车速度成正比。在隧道中列车风将使道旁的工人失去平衡,并有可能将固定不牢的设备等吹落在隧道中,这都是一些潜在的危险。

国外有些铁路规定,在列车速度高于160km/h行驶时不允许铁路员工进入隧道。列车速度稍低时,也不让员工在隧道中行走和工作,必须在避车洞内等待列车通过。

当然,列车风的大小也与列车的头部形状有很大关系。

5.列车空气动力学的力和力矩

作用于车辆上的空气动力学的力和力矩有空气阻力、上升力、横向力,以及纵向摆动力矩、扭摆力矩和侧滚力矩。

(1)空气阻力

空气阻力:减少动车组的空气阻力对于实现高速运行和节能都有重要意义,因此,需要对车体外形进行最优化设计,以便最大可能地降低空气阻力。

动车组的运行阻力主要由空气阻力和机械阻力(即轮轨摩擦阻力、轴承等滚动部件的摩擦阻力等)组成。

空气阻力可以简略地用下列公式表示:

$$R = \frac{1}{2} p C_x v^2 A$$

式中:C_x——空气阻力系数;p——空气密度;v——列车运行速度;A——列车横截面面积。

空气阻力主要由以下3个部分组成:①压差阻力:头部及尾部压力差所引起的阻力。②摩擦阻力:由于空气的黏性而引起的、作用于车体表面的剪切应力造成的阻力。③干扰阻力:车辆的突出物(如手柄、门窗、转向架、车体底架、悬挂设备、车顶设备,以及车辆之间的连接风挡等)所引起的阻力。

研究表明,空气阻力与速度的平方成正比,机械阻力则与速度成正比。当速度为100km/h时,空气阻力和机械阻力各占一半;速度提高到200km/h时,空气阻力占70%,机械阻力只占30%;以250km/h速度平稳运行时,空气阻力占列车总阻力的80%以上。

法国对TGV动车的空气阻力(R)的测试结果:

v=100km/h时,R=5.526kN;v=200km/h时,R=15.25kN。

这说明,当速度提高1倍时,空气阻力(R)提高约2倍。

(2)升力

把动车组表面的局部压力高于周围空气压力的称为正,局部压力低于周围空气压力的称为负。作为一个整体,车辆是受正的(向上的)升力还是受负的(向下的)升力,取决于车辆所有截面的表面压力累加结果是正还是负。

升力也与列车速度的平方成正比。正升力将使轮轨的接触压力减小,因此将对列车的牵引和动力学性能产生重要影响。

(3)横向力

动车组运行中遇到横向风时,车辆将受到横向力和力矩的作用,当风载荷达到一定程度时,横向力及其侧滚力矩、扭摆力矩将影响车辆的倾覆安全性。

侧向阻力可以简略地用下列公式表示:

$$D = \frac{1}{2} p C_D v^2 A$$

式中:C_D——侧面阻力系数;p——空气密度;v——列车速度;A——列车侧面投影面积。

就车辆形状而言,车顶越有棱角,其阻力越大。

风洞试验研究表明,最佳的车体横断面形状应当是车体侧面平坦,且上下渐内倾(可以降低升力),顶部稍圆,车顶与车体侧面拐角处完全修圆(可以降低力矩)。

(二)动车组头型设计

对于高速动车组来说,列车头型设计非常重要,好的头型设计可以有效地减少运行空气阻力和列车交会压力波,解决好运行稳定性等问题。

1.头型设计的基本要求

(1)阻力系数

一些高速铁路发展比较早的国家,通过试验研究和理论计算,明确提出了各自的列车阻力系数指标。

在《德国联邦铁路城间特快列车ICE技术任务书》中规定:列车前端的驱动头

车空气阻力系数 C=0.17;列车末端的驱动头车空气阻力系数 C=0.19。

（2）头型系数（长细比）

长细比,即车头前端鼻形部位长度与车头后部车身断面半径之比。头、尾车阻力系数与流线化头部长细比直接有关,高速列车头部的长细比一般要求达到3左右或者更大,见表3-2。

表3-2 列车阻力系数与流线化头部长细比的关系

类型	头部长度/m
0系	4.4
100系	5.5
300系	6.0
700系	9.2

2.动车组头部流线化设计

头部纵向对称面上的外形轮廓线,要满足司机室净空高、前窗几何尺寸、玻璃形状,以及瞭望等条件。在此基础上,尽可能降低该轮廓线的垂向高度,使头部趋于扁平,这样可以减小压力冲击波,并改善尾部涡流影响。同时,将端部鼻锥部分设计成椭圆形状,可以减少列车运行时的空气阻力。

在设计俯视图最大轮廓线形时,首先要满足司机室的宽度要求,然后再将鼻锥部分设计为带锥度的椭圆形状。这样既有利于形成减小列车交会压力波和改善尾部涡流影响的梭形,又兼顾有利于降低空气阻力的椭球面形状。

此外还应设计凹槽形的导流板,将气流引向车头两侧。

在主型线设计完成后,还要做到头部外形与车身外形严格相切。头部外形中,任意选取的两曲面之间也要严格相切,以保证头部外形的光滑性,这样既可减少空气阻力,又可以降低列车交会压力波幅值。

（三）动车组车身外形设计

动车组车身横断面形状设计有以下特点:①整个车身断面呈鼓形,即车顶为圆弧形,侧墙下部向内倾斜(5°左右)并以圆弧过渡到底架,侧墙上部向内倾斜(3°左右)并以圆弧过渡到车顶。②车辆底部形状对空气阻力的影响很大,为了避免地板下部设备的外露,采用与车身横断面形状相吻合的裙板遮住车下设备,以减少空气阻力,也可防止高速运行带来的沙石击打车下设备。③车体表面光滑平整,尽量减少突出物,如侧门采用塞拉式,扶手为内置式,脚蹬做成翻板式,使侧门关闭时可以包住它。④两车辆连接处采用橡胶大风挡,与车身保持平齐,避免形成空气涡流。⑤在满足乘客乘坐舒适性对车内空间要求的情况下,尽可能地减小车身横断面尺寸。

三、车体的密封隔声技术

(一)车体的密封技术

1.压力波对旅客舒适性的影响

国外高速列车的运用实践表明,没有交会列车时,头、尾车外面的气流压力变化为头部受2.5kPa左右的正压、尾部受2.0kPa左右的负压。

有交会列车时,特别是在隧道内会车时,车外气流压力会大幅度变化,对进入隧道列车的气流测定结果:速度200km/h时,头部正压为3.2kPa,尾部负压为4.9kPa;速度为280km/h时,头部正压为3.9kPa,尾部负压为5.5kPa。

车外压力的波动会反映到车厢内,使旅客感到不舒服,轻者压迫耳膜,重则头晕恶心,甚至造成耳膜破裂。许多国家先后在压力波对旅客舒适性的影响方面进行了研究。

空气压力变化的绝对值对旅客舒适度的影响见表3-3。人体(即人耳)可忍受的空气压力变化值大约为2kPa,超过3kPa时,大多数乘客的耳朵将明显感受到不舒服,甚至有个别旅客将感到恶心。而以速度200km/h通过隧道的高速列车的车外气压变化的绝对值刚好达到这一数值(约3kPa)。

表3-3 压力变化对旅客舒适性的影响

压力变化/kPa	生理学现象
2	可忍受
3	开始不舒适
4	非常不舒服
5	不舒服的上限,开始有耳痛
8	很痛
>9	强烈疼痛
>13	耳膜可能有破裂

压力变化/kPa	生理学现象
>23	几乎肯定耳膜有破裂

当然,空气压力变化的绝对值并不是影响旅客舒适度的唯一因素。空气压力的变化率,即单位时间内的气压变化值,也是影响旅客舒适度的重要因素。

因此,高速列车(特别是运行速度超过200km/h的高速列车)必须采用密封式车体结构以防止乘客出现耳鸣现象。

2.气密处理的方法

高速车辆的车体结构中,应该采取密封处理的部位必须使用全面连续焊接,使其能够承受由压力变动而形成的、作用在列车车体表面上的交变应力。具体需要处理的部位包括固定部、可动部、排水部和换气部,各部位气密处理的方法见表3-4。

表3-4 高速列车各部位气密处理的方法

部位	气密处理方法
固定部	外墙板:连续焊接
	玻璃:密封材料、填充材料
可动部	拉门:固定形状的橡胶
	开门:膨胀性密封橡胶
	旋转轴:机械密封
排水部	盥洗室:防水装置
换气部	由高压鼓风机连续给排气

3.高速列车速度和气密耐压的关系

高速列车车体表面压力变动的大小,由列车的速度、车辆的截面积、通过的隧道截面积等决定。

目前,做气密性试验主要是通过往车内加压,然后测试车体保压的时间来确定车体的气密性质量,如果车体的气密性不能够满足用户的需要,就要通过往车内填充气雾,然后观察车体的泄漏部位,最后对发生泄漏的部位进行修补,直至满足需求。

(二)车体隔声降噪技术

列车在高速运行时。将产生很大的噪声,随着列车速度的增加,其声压级别和响度逐渐增大。列车噪声可分为固有噪声和外在噪声。固有噪声是长期存在的,如轮轨噪声、受电弓与电网气流的摩擦声、气体与车体的摩擦噪声等。外在噪声主要由于列车进出隧道产生的压缩波及反射波产生的。

为实现隔声降噪,动车组主要采取如下措施:①车体外形设计呈流线型;车顶上部增加导流罩,下部设有设备舱,使车体表面平整、光滑,降低空气动力噪声。②车体承载结构采用车体全长的大型中空铝合金型材焊接而成的筒型整体承载结构,使得车体具有很好的防震、隔声效果。③地板采用弹性连接,降低固体声传播;各种顶板、墙板等安装接口部位粘贴减振材料。④车体内表面及车下喷涂阻尼浆进行隔音、减振。⑤车辆间采用气密式折棚风挡或橡胶风挡。⑥提高门窗的隔音性能。⑦提高车体气密性,降低空气声音的传播。

四、防火技术

运行中的列车,特别是高速列车,一旦发生火灾其后果不堪设想。为此,国内外在设计、制造高速列车时,都严格遵循有关标准,研究高速列车的防火技术。

(一)防火系统设计原则

系统集成:防火措施按区域配套,通过列车网络构成防火系统的集成响应、信号传递和信号显示。

预防为主:所有材料和器件的选用以防止发生火燃或防止火种蔓延为主要要求,将火情发生因素压到最低程度,达到预防火灾的要求。

应急对策:一旦火灾发生,按照严格的分级应急对策,将火灾限制在区域内,限制在低等级火警之下。

以人为本:一切应急对策均"以人为本",防治措施的最终手段要以实现旅客的安全转移为目的。

(二)防火结构设计

1.选用耐火材料

车辆使用的耐火材料,主要指阻燃、低烟、低毒高分子材料和耐火涂料。如英国和法国规定,通过海峡隧道区间列车的内装饰和包覆材料,必须采用阻燃无毒的酚醛纤维增强塑料(FRP)。国内目前也在大力开发车辆上使用的酚醛玻璃钢材料,用来制造车内设备、装饰板、通风管道等。国外车辆为了提高窗帘隔热和耐火程度,采用聚酯纤维上喷镀不锈钢或采用玻璃纤维做基底的纺织窗帘布。

根据车型和部位不同选择不同等级的防火、防烟毒材料。例如,法国TGV高速列车车体材料的防火、防烟毒等级远高于200km/h的VTU、VU系列车;车顶部位的防火等级高于侧墙和地板。

卧车包间的隔墙全部采用防火板包敷,隔墙添加阻燃材料;采用阻燃风挡。在两头端门关闭时保证10min内不致火灾蔓延至邻车。

2.安全措施

车门有自动和手动开关功能,失火时能安全疏散旅客;车窗上设有应急手柄和备有应急手锤,平时手锤封在盒内,火警时操纵应急手柄打开车窗或用手锤把窗玻璃击碎。

(三)火灾预测和灭火装置设计

设置烟雾探测及失火报警装置:烟雾报警器在明火火灾发生前做出预警,并与地面防火系统联动。

设置手动报警器:在每个拖车车务室内设一个具有明显标志的失火警报按钮。

设置灭火装置:在每节拖车、动车的明显处各设一个6L便携式喷雾灭火器和一个6kg干粉灭火器。

(四)火灾发生时的对策

火警等级:失火警报信号可以自由手动或手动发出,自动分预警、报警和紧急报警三级,通过网络传递;手动报警为一级,通过连线传递。

失火对策:按照预警、报警和紧急报警三级分别采取相应的处置措施,目标是将火灾限制在区域内,限制在低等级火警之下,最终要实现旅客的安全转移。

第四节 动车组车端连接装置

一、概述

(一)车端连接装置的作用与组成

车端连接装置在动车组中具有重要的作用,它不仅要实现车辆间的机械连接,还要实现车辆与车辆之间的电气和气路连接等。机械连接的作用主要是使连接的各车辆彼此间保持一定的距离,并且传递与缓和动车组在运行过程中及在调车过程中产生的纵向冲击和振动。电气和气路连接为车辆间提供各种电压的电气与压缩空气的通路。另外,车端连接装置还应为车辆间的流动人员提供安全、舒适的通道等。

动车组车端连接装置通常包括车钩缓冲装置、电气与风管连接器、内外风挡等部件。车钩缓冲装置安装在车辆底架上,该装置传递列车运行过程中的牵引力及制动力,缓和列车纵向冲动力。电气与风管连接器通常与车钩组成一个复合部件,构成了整个动车组中低压电气系统的通路及全车空气系统的通路。风挡装置设置于车辆外端墙外侧,由柔性材料及渡板组成密闭通道供乘客及乘务人员通行。[①]

(二)车钩缓冲装置的组成与要求

1.组成

车钩缓冲装置由车钩、缓冲器和车钩复原装置3部分组成。车钩和缓冲器通常组装为一个整体安装于车体底架前端的牵引梁内。组装后的牵引缓冲装置,允许车钩可以在人力作用下上下、左右小幅摆动。列车曲线运行时,车钩中心线与车体中心线之间必将产生一个偏角,即车钩要左右摆动。为了使列车能顺利通过曲线,在冲击座上安装车钩复原装置,以增加车钩摆动的灵活性和复原能力。

2.车钩缓冲装置的传力过程

车钩缓冲装置传力过程如下。

当车辆牵引时,作用力的传递过程:车钩→钩尾销→钩尾框→后从板→缓冲器→前从板→从板座→牵引梁。

当车辆受压(冲击)时,作用力的传递过程:车钩→前从板→缓冲器→后从板→后从板座→牵引梁。

由此可见,钩缓装置无论是承受牵引力还是冲击力,都要经过缓冲器将力传递给牵引梁,这样就可能使车辆间的纵向冲击振动得到缓和和消减,从而改善运行条件,保护车辆及货物不受损坏。

3.动车组对车钩缓冲装置的性能要求

高速列车的车钩缓冲装置通常采用机械、气路、电路均能同时实现自动连接的密接式车钩。这种车钩属于刚性车钩,它要求两车钩连挂后,其间没有上下和左右的移动,而且纵向间隙也限制在很小的范围内(1~2mm)。这对高速列车运

---

①张坤,孟令锋. 动车组车辆车端连接装置曲线通过能力分析[J]. 中国高新技术企业,2013,(9):103-106.

行平稳性、降低车钩零部件的磨损和噪声均有重要意义。

密接式车钩缓冲装置的特点如下。

连挂要求:应具有连挂和解钩功能,并备有手动连挂、解钩功能。

刚度和强度要求:应具有足够的刚度和强度,能顺利传递纵向力。动力分散与动力集中动车组对车钩强度的要求不同,动力集中式动车组要求车钩的压缩载荷不小于1500kN,拉伸载荷不小于1000kN。动力分散式动车组要求车钩的压缩载荷及拉伸载荷都不小于1000kN。

电气和风管连接要求:应具有电气和风管自动连接和手动整体连接功能。

间隙要求:应具有小间隙(2mm以下),运行平稳性强,且能实现电气线路、风管路的自动对接。

缓冲器要求:缓冲器在满足容量要求的前提下,应尽量减小初压力,要求有良好的动力特性(阻抗力—位移)曲线,以提高列车的纵向舒适性。

体积要求:尽可能缩小体积和减小质量。

(三)风挡的功能与要求

客车在高速下运行,客车厢体内外极易形成负压,大部分冷空气及灰尘通过车辆连接处进入车厢;造成客车热量损失和车内空气质量混浊,直接影响列车的运用质量。为了防止风沙、雨水侵入车内及运行时便于旅客安全地在列车内通行,车辆两端连接处装有风挡装置(也称折棚装置)。

风挡是旅客和乘务员来往于各车厢之间的必经之路,它具有良好的纵横向伸缩性和垂向、横向的柔性,以适应车辆运行过程中振动与安全通过曲线和道岔的需要。对于动车组的风挡还需要满足以下要求。

第一,空气阻力要小。车辆连接处平顺光滑,以减少列车运行的空气阻力。

第二,要有足够强度。为适应车外气压波的急剧变化,要满足气动载荷下的强度要求。

第三,抗弯曲性能好。车辆运行时,数个自由度的运行使得风挡始终处于变形之中,因此,要求动车组风挡装置具有较高的抗弯曲性能。而且在紧急情况下风挡还应当能够自动分解开。

第四,隔声性能和密封性要好。为了保证车内舒适性的要求。德国规定风挡的隔声在40dB以上。即使列车以250km/h速度通过隧道,风挡处的噪声也不允许超过75dB;另外,为了避免列车会车和通过隧道时引起的气压波动造成车内乘客因耳内压力失衡而引起不适。一般规定车内压力变化最大值不大于1.0kPa,压力变化率不大于0.2kPa/s。

二、车钩

(一)车钩的作用与类型

车钩是牵引缓冲装置的主要部件之一,车钩是用来实现机车和车辆或车辆和车辆之间的连挂,传递牵引力和冲击力,并使车辆之间保持一定距离的车辆部件。

车钩按照连接方法,一般可分为非自动车钩和自动车钩。非自动车钩由人工来完成车辆的连接,而自动车钩则不需要人参与就能实现连接。我国动车组端部采用自动车钩,而动车组内各车辆间的连接则为半永久车钩。自动车钩又可分为两种基本类型:非刚性车钩和刚性车钩。

1. 非刚性车钩

非刚性车钩连挂时允许两个相连接的车钩钩体在垂直方向上有相对位移。当两个车钩的纵轴线存在高度差时,两个钩呈阶梯形状,并且各自保持水平位置。由于钩体的尾端相当于销接,这就保证了车钩在水平面内的位移。

2. 刚性车钩

刚性车钩也称为密接式车钩,在连挂时不允许两连挂车钩存在相对位移,如果在车辆连挂之前两车钩的纵向轴线高度已有偏差,那么在连挂后,两车钩的轴线处于同一条直线上并呈倾斜状态。两钩体的尾端具有完全的销接,这就能保证两连挂车辆之间可以具有相对的平移和角位移,之所以要保证具有这些位移是因为线路的水平面及纵剖面是变化的,以及车体在弹簧上是振动的。

我国铁路一般客、货车均采用非刚性的自动车钩,对于高速列车和城市轨道交通车辆则应采用刚性车钩,一般端部采用密接式自动车钩,而中间车辆之间采用半自动车钩(或称棒式车钩)。

(二)车钩的三态作用

车钩工作时各不同零部件处于不同位置,起着不同的作用,从而使车钩具有闭锁、开锁和全开3个工作状态,称为车钩的三态作用。

闭锁位置(连挂状态):车钩钩舌被挡住不能向外转开的位置,称为锁闭位置,两辆车连接在一起时车钩就处于这个位置,为牵引时所用。

开锁位置(解钩状态):闭锁机构打开,钩舌只要受到拉力就可以转开的位置。

全开位:钩舌完全打开的位置。

摘钩时,只要其中一个车钩处于开锁位置,就可以把两辆车分开。挂钩时,只要其中一个车钩处于全开位置,就可以把两辆车连挂在一起。

（三）典型车钩的结构与工作原理

目前,CRH系列动车组采用自动车钩缓冲装置。按连挂、解钩方式分为全自动车钩缓冲装置、半自动车钩缓冲装置。全自动车钩缓冲装置采用密接式车钩,按结构形式分为柱销式车钩（柴田式）、连杆式（Scharfenberg10型）;半自动车钩缓冲装置采用密接式车钩或者自动车钩。其中,CRH_{1A}、CRH_3、CRH_{380B}、CRH_5、CRH_{380D}型动车组为全自动连杆式车钩缓冲装置,CRH_{1B}、CRH_{1E}型动车组为半自动车钩缓冲装置,采用AAR型车钩头;CRH_2型动车组为全自动杆销式车钩缓冲装置;CRH_{380BL}（CL）型为半自动连杆式车钩缓冲装置。

1. 连杆式车钩（Scharfenberg10型密接式车钩）

连杆式车钩在连挂过程中,内部连挂机构旋转,使得两钩连挂,此时连挂机构形成完整平行四边形结构。

车钩钩头表面有凸锥和凹锥,允许两车钩间自动对齐和同心,在水平和垂直方向提供一个大的连挂范围。牵引力经由钩舌、中心销轴、拉簧、弹簧座、钩连接面上的导向杆可以增加车钩的连挂范围。在车钩表面一侧,采用导向喇叭和延长线来扩导向杆等进行传递。牵引力和缓冲力经由车钩牵引杆从钩头传输到轴承座,超出车钩缓冲装置吸收能力的负载被传送至车体底架。

自动车钩有待挂、连挂、解钩3种状态。

待挂状态:为车钩连接前的准备状态,此时钩舌定位杆卡在导向杆上,钩锁连杆退缩至钩头锥体内,钩舌上的钩嘴对着钩头前方,钩锁弹簧处于拉伸状态。

连挂状态:相邻两钩的凸锥体伸入对方的凹锥孔并推动定位杆顶块,定位杆顶块迫使钩舌定位杆离开待挂位置。这时,钩锁弹簧的回复力使钩舌做逆时针转动,并带动钩锁连杆伸进相邻车钩钩舌的钩嘴,完成两钩的连接闭锁。此时,两钩的钩锁连杆和钩舌形成平行四边形连杆机构,当车钩受牵拉时,拉力由两钩的钩锁连杆均匀分担,当车钩受冲击时,压力通过两车钩壳体凸缘传递。

解钩状态:解钩时,顺时针转动弹簧加载的钩锁,直至将钩舌从钩锁上释放。当棘爪与带心轴导杆啮合在一起时,保持钩锁的锁定位置。列车分离时,弹簧加载的带心轴导杆和导杆卡子同时向前移动并释放棘爪。车钩锁在拉簧的作用下沿逆时针方向转动,直至棘爪与导杆卡子相啮合。车钩缩回至待挂位,再次准备连挂。

2. 柱销式车钩（柴田式密接式车钩）

柱销式车钩钩舌和钩舌腔均为半圆柱结构,在连挂状态下两钩形成完整圆柱钩舌和圆柱钩舌腔以实现车钩的连挂。

柱销式自动车钩的工作过程分为连挂和解钩两种。连挂时,钩头凸锥插入相邻车钩的凹锥孔内,钩头内侧面压迫相邻车钩钩舌逆时针转动,逐渐进入钩舌腔内,与此同时,解钩风缸弹簧受压变形;当两钩舌连接面完全接触后,形成一个球体,在解钩风缸弹簧复原力的作用下,在凹锥孔内顺时针转动后恢复原状,完成车辆连挂,车钩处于连挂状态。自动解钩时,司机操纵解钩阀,压缩空气由总风缸进入解钩风缸,使活塞向前推动解钩杆并带动钩舌逆时针转动而使车钩处于待解状态。手动解钩时,依靠人力推动解钩杆使车钩处于待解状态。具体工作过程包括下面3方面。

(1)待挂状态

自动车钩待挂状态中,解钩杆、钩舌和弹簧均处于自然状态。

(2)连挂过程

当需要连挂时,车辆以规定的速度接近,在车钩的凸锥斜端面与另一车钩的钩舌接触的同时,推压钩舌使其逆时针方向转动。车辆进一步移动,相邻车钩的凸锥导入对方的凹锥,此时两车钩的相对运行停止。

凸锥完全导入凹锥的同时,弹簧拉动解钩杆并带动钩舌顺时针转动,待转动停止后,圆形钩舌和钩舌腔相互嵌套,完成连挂,解钩杆在复原弹簧的拉力作用下自动回到连挂位置。

(3)解钩过程

当需要解钩时,通过解钩风缸充风由风缸推动,也可以手动拉解钩杆,使车钩处于解钩前的准备状态。

继续拉动解钩杆,直到极限位置,此时钩舌锁会自然地挂在对方解钩杆的凸台上,解钩杆被固定,呈解钩状态。操作车辆后退,逐步释放车钩,钩舌锁从对方的解钩杆上自然分离。

在车钩分离的过程中,在复原弹簧的作用下,解钩杆向待挂位置转动;解钩杆转动的同时带动钩舌顺时针回转,直到回到待挂位置,解钩过程完成。

三、缓冲器

(一)缓冲器的作用和类型

列车运行中车辆之间存在相互作用力,这些力都要靠车钩来传递,如果这些力过大很容易使车钩损坏。为了减少这些力对车钩的冲击,往往通过在车钩上安装可以缓和或者吸收振动的装置,这就是缓冲器。

缓冲器的种类很多,一般情况下可分为弹簧式缓冲器、摩擦式缓冲器、橡胶缓冲器、摩擦橡胶缓冲器、黏弹性橡胶泥缓冲器、液压缓冲器及空气缓冲器等。目前,在传统铁路机车车辆上使用最广泛的是摩擦缓冲器和摩擦橡胶式缓冲器,在高速动车组上越来越多地采用橡胶缓冲器和黏弹性胶泥缓冲器。[①]

(二)缓冲器的工作原理

缓冲器的作用是用来缓和列车在运行中由于起动、制动及调车作业时车辆相互碰撞而引起的纵向冲击和振动。缓冲器有耗散车辆之间冲击和振动的功能,从而减轻对车体结构和装载货物的破坏作用,提高列车运行的平稳性。其工作原理是借助于压缩弹性元件来缓和冲击作用力,同时在弹性元件变形过程中利用摩擦和阻尼吸收冲击能量。

(三)缓冲器的性能参数

决定缓冲器特性的主要参数是缓冲器的行程、最大作用力、容量、初压力及能量吸收率等。

1. 行程

缓冲器受力后产生的最大变形量称为行程。此时弹性元件处于全压缩状态,如再加大外力,变形量也不再增加。缓冲器的行程不应太小,如行程太小则速度变化率(加速度)太大则近似没有缓冲器。但缓冲器的行程也不能太大,行程太大则可能会影响列车的纵向动力学性能。通常车钩缓冲器的行程为数十毫米到一百毫米之间。

2. 最大作用力

缓冲器产生最大变形量时,所对应的作用外力。缓冲器最大作用力要比车体容许的载荷要小,否则当发生超限载荷时,车体将发生永久变形而损坏。动车组缓冲器的最大作用力通常为 600～800kN。

3. 容量

缓冲器在全压缩过程中,作用力在其行程上所做的功的总和称为容量。它是衡量缓冲器能量大小的主要指标,如果容量太小,则当冲击力较大时就会使缓冲器全压缩而导致车辆刚性冲击。

对于动力集中式动车组,由于车辆间采用密接式车钩或铰接结构连接,彼此之间无相对运动,这样,相互连挂的车辆就成为一个质量很大的刚性车组,要达

[①]张济民,邓海,叶都玮. 列车设计与系统集成[M]. 上海:上海科学技术文献出版社,2020:77-85.

到足够大的连挂速度就要安装容量较高的缓冲器。例如,法国TGV铰接式高速列车,为保证连挂速度8km/h,装用容量为58kJ和62.5kJ的弹性胶泥缓冲器。对于动力分散式动车组,由于连挂速度较易控制,分解连挂的次数也相对较少,连挂速度也小些,缓冲器的容量就可低些。

4.能量吸收率

缓冲器在全压缩过程中,有一部分能量被阻尼所消耗,其所消耗部分的能量与缓冲器容量之比称为能量吸收率。吸收率越大,则表明缓冲器吸收冲击能量的能力越大,反冲作用就越小,否则缓冲器必须往复工作几次方能将冲击能量消耗尽,这将导致车钩、车底架过早疲劳损伤,并加剧列车纵向冲动。一般要求缓冲器的能量吸收率不低于70%。

5.初压力

初压力为缓冲器的静预压力。初压力的大小将影响列车起动加速度。缓冲器在满足容量要求的前提下,尽量减少初压力。

（四）典型缓冲器的结构与工作原理

缓冲器主要由橡胶、弹簧等弹性元件组成。通常把装有缓冲器的车钩装置叫车钩缓冲装置。

1.橡胶缓冲器

由于橡胶具有弹性较好、质量小等特点,因此,在很多需要缓冲减震的场合广泛应用。橡胶缓冲器根据其作用原理不同又分为平面拉压型缓冲器和剪切型缓冲器。

平面拉压型缓冲器由多片橡胶板和金属基板黏结而成,金属基板可提供安装基础及在缓冲过程中起散热作用。该种缓冲器的缓冲作用主要是通过压缩或拉伸橡胶板,让橡胶板内的橡胶片互相摩擦生热而消耗能量。

MX-1型缓冲器属于平面拉压型橡胶缓冲器,由楔块摩擦部分和9个橡胶片组成。DF_{11}机车和SS_8型机车均采用这种缓冲器。MX-2型缓冲器是在MX-1型缓冲器基础上改进而成的,与MX-1型缓冲器结构相似,主要改进有,由9个橡胶片改为8片(每片厚度由35mm增大至40mm),同时加强了箱体强度。MX-1型缓冲器的容量为35kN·m,阻抗力为1600kN,行程为65mm。

橡胶以压缩或拉伸方式施力时,其变形量不大,而以剪切方式施力时,则变形量较纯压缩或拉伸时更大。这样就有了剪切型橡胶缓冲器。剪切型橡胶缓冲器的作用原理不同于传统的橡胶缓冲器,不是依靠橡胶片之间的挤压过程吸收能量,而是靠壳体内部几块橡胶的剪切变形过程吸收能量。橡胶的可压缩性较小,但是其剪切位移却可以做得相对较大。同时,橡胶块的剪切变形是双向的,因此,新型橡胶缓冲器也是一种复式(双作用式)缓冲器。理论上新型缓冲器初压力为0,这样就可以很好地吸收车辆之间数量较多且作用时间短暂的纵向冲动,大大提高旅客乘坐的舒适性。

2. 弹性胶泥缓冲器

弹性胶泥缓冲器是近年来欧洲新开发的一种新型缓冲器,在法国、德国、波兰的高速列车、客车和货车上应用获得成功,现已被纳入 UIC(UIC526-1、UIC526-3)。这种缓冲器用一种未经硫化的有机硅化合物(称弹性胶泥)作为介质,它具有弹性、可压缩性和可流动性,其物理化学性能在 -50~+250℃具有较高的稳定性、抗老化、无臭、无毒,对环境无污染。它具有固体和液体两种属性的特征,其动黏度比普通液压油大几十至几百倍,且可根据需要改变配方予以调节,因此,在液压缓冲器中难以解决的密封问题,在这里变得极为简单。

弹性胶泥缓冲器的工作原理为在充满弹性胶泥材料的缓冲器体内,设有带环形间隙(或节流孔)的活塞。当活塞杆受到冲击力时,弹性胶泥材料受压缩产生阻抗力,并通过环形间隙(或节流孔)的节流作用和胶泥材料的压缩变形吸收冲击能量。由于胶泥材料的特性,冲击力越大,缓冲器的容量随之增大。当活塞杆上的压力撤除后,弹性胶泥体积膨胀或利用加设的复原弹性使活塞回到原位,这时胶泥材料通过环形间隙流回原位。

这种缓冲器的力—位移特性曲线呈凸形,弹性胶泥缓冲器同普通缓冲器比较,有如下主要特点:容量大、阻抗力小、体积小、质量轻、检修周期长,它兼有液压和橡胶缓冲器两者的优点,同时克服了液压缓冲器制造比较复杂、密封困难和橡胶缓冲器吸收率低等缺点。这种缓冲器由于具有其他传统缓冲器不可比拟的高性能,迅速得到了推广。

3. 气—液缓冲器

气—液缓冲器主要由柱塞、缸体、浮动活塞、单向锥阀、锥阀节流孔、节流阻尼环、节流阻尼棒等部件组成。气—液缓冲器内部形成两个油腔(油腔Ⅱ和油腔Ⅰ)和一个气腔。浮动活塞将柱塞内腔分隔出油腔(油腔Ⅱ)和气腔两个腔室。柱塞底座与缸体之间的间隔为另一油室(油腔Ⅰ)。油腔内充有液压油,气腔充有氮气。

当相邻车辆间发生碰撞时:柱塞即被推入油腔Ⅰ中,油腔Ⅰ中的液压油通过节流阻尼环与节流阻尼棒形成的环缝及单向锥阀与柱塞端部形成的锥阀节流孔,流到油腔Ⅱ中,使得油腔Ⅱ的油量增大,从而使浮动活塞向左移动,气腔中的氮气被压缩。在冲击过程中,绝大部分动能转变为热能,并由缸体逸散到大气中,只有少量能量转化为油液的液压能,因而气—液缓冲器的能量吸收率比较大。

当车辆间的冲击减缓或消失时,被压缩的氮气通过活塞给油腔Ⅱ的液压油施加压力,并使液压油通过柱塞端部的单向锥阀流回到油腔Ⅰ中,柱塞又回到原位。其中,单向锥阀可相对柱塞端部轴向移动,但只在缓冲器被压缩加载时才打开。当缓冲器卸载时,单向锥阀在油腔Ⅱ的液压油作用下压紧在柱塞端部的阀座上,锥阀节流孔被封闭,因此油腔Ⅱ的液压油只能通过柱塞端部的单向阀流回到油腔Ⅰ,完成缓冲器的卸载。

节流阻尼棒的形状和尺寸是确定气—液缓冲器特性的关键,通过正确选取节流阻尼棒的形状和尺寸,就能得到比较理想的缓冲特性。

气—液缓冲器的动态特性与传统的弹簧和橡胶缓冲器存在很大差异。气—液缓冲器的阻抗力与冲击速度成一定比例关系,即冲击速度越大,阻抗力越大。

四、风挡和车端阻尼

(一)风挡的功能和类型

目前我国使用的风挡装置有3种型式:铁风挡装置、橡胶风挡装置和折棚风挡装置。

1.铁风挡装置

铁风挡装置由面板、风挡、风挡弹簧、缓冲杆和圆弹簧组成。车辆连挂后,借助弹簧的弹力,使两风挡面板紧密贴合,在列车通过曲线时,面板左右滑动,不会产生间隙,从而保证安全。

铁风挡装置具有结构简单、工艺要求低、经久耐用等优点。同时,也存在气密性差、隔音隔热效果差、产生噪声大等缺点,特别是风挡连挂后,带有错动间隙的摩擦面边缘均裸露在车内,容易挤伤手脚,对旅客造成人身伤害。因此,该型风挡无法满足现代客车的要求,正逐步被橡胶风挡或折棚风挡取代。

2.橡胶风挡装置

橡胶风挡主要由橡胶板组成的横橡胶囊和立橡胶囊及下部缓冲装置所构成。与铁风挡相比,橡胶风挡有如下优点:①比铁风挡噪声小;②具有特殊形状的弹性橡胶囊和橡胶密封垫,可以防止雨水、尘土进入车厢内部;③具有良好的纵向伸缩性和横、垂向柔性,以适应车辆通过曲线和减小振动,提高乘坐的舒适性。橡胶风挡在25型客车、准高速客车、双层客车等车辆上得到了广泛应用,但气密性不能满足客车以较高速度运行时的要求。因此25k型客车采用了折棚式的风挡,该型风挡不仅外观美观,而且气密性较好。但这种风挡的刚度阻尼很小,几乎不能对车体间相对运行产生约束。

3.折棚风挡

折棚风挡(又称密接式风挡)由连接架、拉杆、折棚、挂钩、通道、踏板、板簧、锁盒8个组件组成,主要在25k型客车和动车组车辆上使用。其主要零部件都采用了不锈钢和高强度铝合金材料,具有耐腐蚀、不受气候影响的特点。折棚风挡具有良好的气密性,风、雨、雪、沙等不能侵入,同时防噪声效果大幅提升,使乘客乘坐舒适度大大提高。过道美观并采用内饰板及新结构渡板,避免乘客被挤伤手脚,可圆滑地过渡列车走行时发生的两车之间的错动。

(二)高速动车组用风挡的结构特点

CRH系列动车组装用的风挡包括内风挡和外风挡。

内风挡主要有折棚风挡和环形密封橡胶风挡两种类型。折棚风挡主要用于CRH$_1$、CRH$_3$、CRH$_5$、CRH$_{380B}$(L)及CRH$_{380D}$型动车组上,主要优点为外观及密封性能好,缺点为车端阻尼小。环形密封橡胶风挡主要用在CRH$_2$、CRH$_{380A}$(L)型动车组上,优点为气密性好、内部美观,有一定的车端纵、横向阻尼;缺点是隔热效果差。

对于高速列车,为了将空气阻力降到最低,应避免空气分流。在车底端部设外风挡。其功能原理是将车体端部外表面延伸,使两车体外表面在风挡位置间距缩小或完全贯通,减弱气流分离机气流冲击端墙表面的强度,以减小列车空气压差阻力。根据车辆的结构,外风挡分为压缩式和非接触式。压缩式外风挡主要用在CRH$_2$、CRH$_3$型动车组上,优点为车体外形流线型,减阻效果好;缺点是维护不方便。

(三)车端阻尼装置

随着列车运行速度的提高,车体的摇头、侧滚等振动问题成为影响列车运行品质的重要因素。同时,人们逐渐认识到车端连接设备的刚度和阻尼特点对车体振动的约束作用,这种约束将影响列车运行的舒适度。因此,一些铁路发达国家开始在车辆端部采用除缓冲器以外专门的减振装置,或改进原有的车端连接设备(风挡的阻尼特性),使之能够衰减车辆间的相对振动。这种除车钩缓冲装置以外,车辆端部具有阻尼特性、能够衰减车辆之间相对振动的连接设备称为车端阻尼装置。

CRH$_2$型动车组在车辆间设有阻尼装置,作用主要通过减振器实现。

第四章 动车组制动控制系统

第一节 制动系统概述

一、制动的基本概念

列车制动是人为地利用制动力使列车减速、停车,阻止其运动或加速的统称。我们知道要改变运动物体的运动状态,必须对它施加外力。对于列车,人为地使其减速或阻止其加速的外力是由列车制动装置产生的,此力与列车运动方向相反。由轨道作用于车轮轮周的这种外力,叫制动力。

为了能对列车实施制动作用,需要在列车上安装一套完整的制动系统(装置)。对传统的机车车辆运用模式而言,列车制动装置是指机车制动装置和车辆制动装置的组合,通常制动装置是指能产生制动作用的整套机构,通常包括制动机、基础制动装置、停放制动(驻车制动)装置。制动机是制动装置中受司机直接控制的部分,通常包括,从制动软管连接器至最终产生制动力的制动缸的一整套机构。

基础制动装置是整个制动装置中用于传递、放大制动力的一整套机构。停放制动(也叫驻车制动或停车制动)装置是使列车在停车状态下(无动力)依然能保持制动力、避免列车遛逸的制动装置。这种制动功能也可以借助于常规制动(行车制动)系统的全部或其中一部分(或某些部件)来实现。制动装置是通过操纵司机制动控制器(简称司控器)发出的制动指令,指挥制动控制部分向基础制动的制动缸送风,使制动缸获得必需的空气压力,经基础制动装置的放大变换,最终形成列车的制动力。

制动作用的解除叫作缓解,包括分步操纵的部分解除(或阶段缓解)和一次操纵的彻底解除(或一次缓解)。

二、动车组制动系统的组成

动车组的动能与速度的平方成正比,而在一定的制动距离条件下,列车的制动功率是速度的三次函数。因此,传统的空气制动能力远远不能满足需要。动车组常采用再生制动与空气制动的复合制动模式,包含多个子系统,主要由电制动系统、空气制动系统、防滑装置和制动控制系统等组成。

从列车的角度,动车组采用电气指令计算机控制的空电复合制动,即空气制动与电气制动复合形成列车的制动力。电气制动,简称电制动,在动车组上大都以再生制动方式存在。

由于再生制动功能是通过牵引传动系统由牵引变流器控制牵引电机来实现的,且其基本构成在各个车型上是一致的,但其性能、控制、实际有效与否又与很多因素有关,故从传统的列车制动概念及其当今制动技术的发展来看,空气制动方式一直是铁路机车车辆,包括动车组在内的最根本的制动方式。因此,从制动系统自身的角度看,空气制动部分,以其指令方式、指令传输载体、空气制动力控制方式,以及基础制动装置的不同而具有较大差异,形成不同风格的制动系统。而通过"引进—消化—吸收—再创新",并具有自主知识产权的国产动车组所采用的制动系统是一种电气指令计算机控制的直通式电空制动系统。

空气制动部分由于采用电气指令及计算机控制,被称为电空制动(即电控空气制动),其组成可以分成4部分:制动指令及其传输装置、制动控制装置、基础制动装置、制动供风系统。其中,制动指令的传输是借用列车网络实现的,因此制动指令传输装置不是制动系统独有的,而是与牵引等各设备的信息与控制指令的传输共享的。[①]

三、动车组制动系统的特点

动车组运行速度高,对列车的制动能力、运行平稳性等方面提出一系列要求。因此,高速动车组必须装备高效率和高安全性的制动系统,为列车正常运行提供调速和停车的保障,并保证在意外故障或其他必要情况下,有尽可能短的制动距离。此外,高速运行的动车组对制动系统的可靠性和制动时的舒适度也提出了更高的要求。

制动是发展动车组所必须解决的关键技术之一,动车组的制动系统必须具有以下4个方面的特点。

(一)制动能力强、响应速度快

动车组的制动作用包括调速制动和停车制动,其制动能力首先表现为停车

---

①李向超,李世伦. 高速铁路动车组控制系统维护与检修[M]. 成都:西南交通大学出版社,2019: 48-52.

制动作用时对制动距离的控制。在同样的制动装置、操纵方式(自动或人工控制)和线路条件下,制动距离基本上与列车制动初速度的平方成正比。因此,随着列车速度的提高,必须相应改进其制动装置和制动控制方式,使制动能力强,反应速度快,才能满足缩短制动距离的要求,具体表现在以下两个方面:

第一,采用电、空联合的制动模式,电制动优先,而且普遍装有防滑器。电制动与空气制动结合可保证列车在从低速到高速的整个速度范围内都有充足的制动力,而防滑器的安装可使轮轨间的黏着力得到充分运用,进而有效地缩短制动距离。

电制动可以大大减少空气制动系统零部件的磨耗,有的还可将能量再利用(再生制动的情形),因而得以优先使用。空气制动只作为电制动的后备和补充,在列车调速、低速行驶和电制动无法发挥作用的紧急情况下要求迅速停车时确保有效提供制动力。

第二,操纵控制采用电控、直通或计算机控制电气指令式等灵敏而迅速的系统。这些装置使制动系统的反应更为迅速,进一步缩短了制动距离。

(二)制动力计算和分配的准确性高

动车组的制动作用采用微型计算机控制,可准确提供所需的制动力,确保列车正点运行。

制动系统不但可以准确计算动车组所需的总制动力,还可在电制动力和空气制动力之间准确地进行分配,并分别对电、空制动力准确地进行控制,以使不同的制动方式达到最佳的组合效果。

(三)故障导向安全

故障导向安全是指当制动系统发生故障时,能向安全方向动作,保证系统作用的可靠性。制动系统的可靠性是列车行车安全的基本保证,特别是高速运行时,制动系统失灵的后果不堪设想。动车组制动系统的可靠性主要涉及下列两个方面。

1.多级制动控制方式

动车组的制动系统可分成三级控制:网络控制、电空制动控制和空气制动控制。其中,网络控制是以列车网络控制系统TMCS控制并传输全列车各车辆的制动信息;电空制动控制是以电气指令线来传输制动控制指令;空气制动则是通过制动管的空气压强改变进行控制。上述3种控制方式的指挥级别以网络控制为最高,电空制动次之,空气制动控制级别最低;而安全级别的顺序恰好相反。

当高级别的制动控制系统发生故障时,能自动转为低一级别的制动控制方式,以保证在不良状态下可靠地产生制动作用。

2.制动能力的冗余

正常条件下,复合制动系统的各种制动方式应合理分担制动能量,一旦其中的某种制动方式发生故障,其他制动方式应能提供补充。而且,对于空气制动,应充分考虑失电情况下系统响应时间延长和盘形制动摩擦系数的下偏差对制动距离延长的影响。

(四)制动冲动小

按照列车动力学的观点,旅客的乘坐舒适性包括横向、垂向和纵向3方面的指标。动车组制动作用的减速度远大于普通的旅客列车,因此动车组的制动系统采用微型计算机控制,以实现制动过程的优化。在平均减速度提高的同时,通过限制制动减速度的变化率(例如:准确控制电、空制动的配合,减小因制动力控制不准引起的纵向冲动),可以提高乘坐舒适度。

同时,动车组的制动采用电控,指令传输的同步性高,各车制动的一致性好,大大减少了动车组的纵向冲动。

四、动车组制动的总体要求

制动是列车运行的主要也是最重要的工况之一,制动系统的有效性和好坏直接影响列车安全等一系列重要环节。因此制动系统必须满足相应方面的基本要求。

第一,安全性要求。具有足够的制动能力,满足《铁路技术管理规程》规定的制动距离要求,保证动车组在规定的制动距离内停车。

第二,操纵灵活,制动减速快,制动作用灵敏可靠,动车组前后车辆制动、缓解作用一致。

第三,具有动力制动能力,在正常制动过程中,应尽量充分发挥动力制动能力,以降低运行成本。

第四,应具有动力制动与摩擦制动的复合制动能力。

第五,制动系统应保证动车组在长大下坡道上运行时,其制动力不会衰减。

第六,电动车组各车辆的制动力应尽可能一致,制动系统应具有载荷调整能力,根据乘客量的变化调整,以减少制动时候的纵向冲动。

第七,具有紧急制动性能,遇有紧急情况时,能使电动车组在规定距离内安全停车。紧急制动作用除了可由司机操纵外,必要时还可由行车人员利用紧急制动按钮进行操纵。

第八,电动车组在运行中发生诸如列车分离、制动系统故障等危及行车安全的事故时,应能自动紧急制动。

第九,轻量化要求。动车组的轻量化是一个重要指标,除了车体、转向架这些大部件,各种车载设备也应考虑轻量化设计。制动系统的供风设备、制动控制装置等分布在整个列车编组的各车上,也要满足轻量化要求。

第十,维修保养要求。制动系统的工作状态直接关系到列车运行安全,除了要满足可靠性要求,还要易于维护保养且维修方便。

五、制动条件

高速列车及城轨列车的制动系统应具备以下条件:①操纵灵活且灵敏可靠,列车前部和后部车辆制动及缓解作用应一致。②具有足够的制动能力,保证列车在规定的制动距离内停车。③对新型的电动车组,一般要求具有电(动力)制动功能,并且在正常制动过程中,应尽量充分发挥电制动能力,以减少对环境的污染和降低运行成本。同时还应具有电制动与摩擦制动协调配合的制动功能。

第二节 制动方式分类

制动方式是指制动时列车动能的转移方式或制动力获取的方式。

从作用力与列车的关系来看,驱动或制动都要对列车作用以外力。从能量的观点看,驱动是机车将燃料所具有的能量或电厂所发出的电能转变为列车的动能;制动就是设法将动能从列车上转移出去,使列车减速或停止。采取什么制动方式使列车的动能转移出去,采取什么制动方式获取制动力,是制动的基本问题。因此,制动方式的研究是制动研究的基础。

一、按制动作用分类

按制动作用方式可将制动分为:常用制动、非常制动、紧急制动、辅助制动等。

(一)常用制动

常用制动是正常条件下为调节、控制列车速度或进站停车施行的制动。其特点是作用比较缓和,且制动力可以调节,通常只用列车制动能力的20%～80%,

多数情况下只用50%左右。

（二）非常制动

非常制动是紧急情况下为使列车尽快停住而实施的制动。其特点是把列车制动能力全部用上，且动作迅猛，制动力为最大常用制动力的1.4~1.5倍。非常制动有时也称快速制动。

（三）紧急制动

紧急制动也是在紧急情况下采取的制动方式，特点与非常制动类似。它与非常制动的区别在于，非常制动一般为电、空联合制动，也可以是空气制动；而紧急制动只有空气制动作用。

（四）辅助制动

辅助制动又包括备用制动、救援/回送制动、停放制动和停车制动等。[①]

二、按能量转移方式分类

从能量的观点来看，制动的实质就是将列车动能转变成别的能量或转移走，根据列车动能消耗的方式不同，制动方式可分为摩擦制动和动力制动。

（一）摩擦制动

摩擦制动是指通过机械摩擦来消耗列车动能的制动方式。

摩擦制动的优点是：制动力与列车速度无关。无论列车是在高速还是低速时都有制动能力，特别是在低速时能对列车施行制动直至停车。可以说摩擦制动始终是列车最基本的制动方式。

摩擦制动的缺点是：制动力有限，这是受热能散发的限制而直接影响制动功率增大的缘故。摩擦制动包括闸瓦制动、盘形制动和磁轨制动等。

1. 闸瓦制动

闸瓦制动也称踏面制动，是自有铁路以来使用最广泛的一种制动方式。它用铸铁或其他材料制成的瓦状制动块（闸瓦）紧压滚动着的车轮踏面，通过闸瓦与车轮踏面的机械摩擦将列车的动能转变为热能耗散于大气，并产生制动力。

2. 盘形制动

盘形制动（摩擦式圆盘制动）是在车轴或车轮辐板侧面安装制动盘，用制动夹钳使两个闸片紧压制动盘侧面，通过摩擦产生制动力，将列车动能转变成热能，消散于大气。

---

①黄秀川,王峰. 动车组牵引与控制系统[M].2版. 成都：西南交通大学出版社,2018:63-74.

3.磁轨制动

磁轨制动也称摩擦式电磁轨道制动或磁轨摩擦制动。磁轨制动是在转向架的两个侧架下面,在同侧的两个车轮之间各安置一个制动用的电磁铁,制动时将它放下并利用电磁力紧压钢轨,通过电磁铁上的磨耗板与钢轨之间的滑动摩擦产生制动力,并把列车动能转变为热能,消散于大气。

(二)动力制动

动力制动是指利用某种能量转换装置,将运行中列车的动能转换为其他形式的能量,并予以消耗的制动方式。动力制动的基本原理是使牵引电机作为发电机工作而产生制动力,所产生的电能可以在制动电阻上转变为热能发散(电阻制动)或反馈至供电网(再生制动),在高速列车中的应用以后者为多。其特点是制动力与列车速度有很大关系,列车速度越高,制动力越大,随着列车速度的降低,制动力也随之下降。动力制动包括以下4种。

1.电阻制动

电阻制动广泛用于电力机车、电动车组和电传动内燃机车。它是在制动时将原来驱动轮对的自励牵引电机改变为他励发电机,由轮对带动发电,并将电流通往专门设置的电阻器。采用强迫通风,使电阻器产生的热量消散于大气而产生制动作用。

2.再生制动

与电阻制动相似,再生制动也是将牵引电机变为发电机;不同的是,它将电能反馈回电网,使本来由电能变成的列车动能再生为电能,而不是变成热能消散掉。

3.旋转涡流制动

旋转涡流制动是在牵引电机轴上装有金属盘,制动时金属盘在电磁铁形成的磁场中旋转,盘的表面感应出涡流,产生电磁吸力,并消散于大气,从而产生制动作用。

4.轨道涡流制动

轨道涡流制动又称线性电磁涡流制动。它与上述磁轨制动很相似,也是把电磁铁悬挂在转向架侧架下面同侧的两个车轮之间。不同的是,轨道涡流制动的电磁铁在制动时只是放到离轨面几毫米处,而不与钢轨接触。它是利用电磁铁和钢轨的相对运动使钢轨感应出涡流,产生电磁吸力作为制动力,并把列车的动能变为热能消散于大气。

第三节 动车组制动控制系统

一、制动控制系统的组成

制动控制系统是制动系统中由司机或列车自动控制系统ATC控制,产生、传递制动信号,并对制动力进行计算和分配的部分。

(一)制动信号发生装置

制动信号发生装置有自动(ATC装置)和手动(司机制动控制器)两种。制动控制器手柄转动时带动安装在下部的凸轮,控制各指令线电气触点的通和断,向各车发送相应的指令。

1. 功能

制动信号传输装置即负责制动信号传输的列车线,它不但负责将制动信号发生装置发出的制动指令传送给列车中所有车辆,还负责将各车的信息传送给司机室。

2. 传输介质

列车线有带屏蔽层的金属电缆和光缆。为提高信号传输的质量和速度,减轻信号传输系统的重量,动车组中的列车线往往采用光缆。

3. 信号的类型

制动控制系统中传输的信号有模拟信号和数字信号两种。模拟信号是以电压、电流、频率、脉宽等模拟量的大小表示不同的制动要求;数字信号则是以若干指令线不同的通、断组合来表示。模拟信号系统的优点是便于实现无级精确控制,而数字信号系统的优点在于反应迅速、可靠性高。虽然数字信号系统只能进行有级操纵,但实践证明:当常用制动设置7级时,已能保证运用中足够的精确度,且由于数字信号系统的显著优点,信号传输系统中多采用数字信号。[1]

(二)制动控制单元

制动控制单元BCU是动车组中每节车辆的制动控制装置,通常指其中的核心控制部分即制动控制计算机,所以也有资料或技术文件把制动控制计算机或制动控制器称为BCU。

---

[1]罗飞平,孙环阳,王群,等. 高速动车组制动控制技术研究[J]. 机电产品开发与创新,2021,34(03):97-100.

1.制动控制装置的构成

制动控制装置是由制动控制器、空气制动上所需的各种阀门以及制动风缸组成,并将它们作为整体组件吊装在车辆地板下面。

2.制动控制装置的作用

制动控制装置进行下述制动动作的控制:常用制动、快速制动、紧急制动。常用及快速制动控制在制动控制装置内装有制动控制器,接受光纤及硬导线所发来的常用制动或快速制动指令,结合运行速度、空气弹簧压力、再生制动力等各项因素,算出必要的空气制动力,然后输出控制电流。从制动控制器输出的电流在电空转换阀中变换为空气压力,然后供给到中继阀,在中继阀放大后,将压力空气输出到制动缸。紧急制动控制处于常带电的紧急制动指令线失电时,紧急电磁阀立即发出动作把紧急制动控制风压送到中继阀,在中继阀放大后,使压力空气送到制动缸。

二、制动控制系统的操纵方式

动车组的制动指令一般是由头车内的制动控制器或ATC装置下达;但在车辆发生事故等异常情况下,则由手动开关或异常监测系统通过列车线将制动指令传送给列车中的所有车辆。上述所有制动指令主要靠DC100V电源来传递。制动控制系统向制动装置发出制动指令的方式主要有以下几种。

(一)ATC操纵

ATC(Automatic Train Control)列车自动控制系统制动是通过比较来自轨道电路信号的允许速度和列车实际速度来决定制动指令的级别。当列车速度超过允许值时,ATC装置向制动控制系统发出制动指令,列车自动产生制动作用。制动指令持续起作用,直至列车速度降低到最高允许速度以下时自动进行缓解。

ATC列车自动控制系统制动可使用常用制动和非常制动来实现。一般情况下使用常用制动;当使用常用制动不能使列车速度在规定距离内降至规定值时,就使用非常制动。

(二)制动控制器操纵

列车的时间调整以及从时速30km/h到停车地点的制动操纵都是司机通过制动控制器来进行的。在向列车发出制动指令时,人工操纵具有优先权,即当司机把制动控制器手柄转到司机控制位时,自动转到手动预定指令值。

（三）紧急制动的操纵

当出现意外情况时,安全环路断开使紧急电磁阀失电打开,从而实现列车的紧急制动,列车分离、总风压强过低、制动力不足、车辆设备故障和司机制动控制器手柄置于取出位等情况都可使紧急制动指令线失电,从而引发紧急制动。紧急制动启动后,动车组将减速直至停车,中途无法缓解。列车再次启动时必须进行紧急制动的复位操作。

三、制动控制系统的工作原理

进行制动控制时,由司机制动控制器或列车自动控制系统ATC控制发出指令,制动指令被各车的BCU接收,进行制动力的计算和电、空制动力的分配。一般行车状态下制动系统产生制动作用的指令来自司机制动控制器。司机在行车过程中根据对列车减速效果的期望,根据操纵经验,可以选择制动控制器的手柄位置以发出制动指令,决定制动力的大小并获得所需制动效果。

在动车组制动系统中,通常把手柄位置信息作为制动指令送到列车网络,通过网络主控计算机编码形成数字指令,由网络通信形式传输到各个动车及拖车的制动控制装置,通过计算及控制,在基础制动装置中产生制动作用。也可以直接把手柄位置信息按脉冲宽度调制(PWM)形成模拟指令,经导线传输。

由此可见,司机制动控制器应设置代表不同制动能力的操纵位置,而这种位置和动作区域的划分通常是根据制动功能来定的。根据列车运行减速、停车等制动要求,传统机车车辆制动系统的制动功能一般分为:常用制动、紧急制动。这两种制动功能都可由司机在运行中根据需要直接操纵。常用制动可以使用电制动或电空制动,而紧急制动通常规定只能用空气制动,即所谓的"纯空气制动"。

随着运行速度的不断提高,在有的动车组上,对列车运行安全性的要求使得紧急制动作为一种安全制动方式被用于设备故障等紧急情况下、由设备启动的制动方式来使用。在这种情况下,动车组制动系统的制动功能被分为:常用制动、紧急制动(或快速制动),这两种制动功能都可由司机在运行中根据需要直接操纵。这种情况下,司机直接操纵的制动功能是常用制动、快速制动。

制动总线可在整列编组上扩展,带司机室的车辆上的BCU能够起到制动主控制的作用(MBCU)且与TCMS MVB总线有接口;它们还获得来自司机台上把手和信号设备的制动请求(电动和气动制动请求)。

计算机制动控制单元(MBCU)是各车辆制动控制系统的关键部件,它主要具有如下功能：接受列车计算机网络和制动信号发生与传输部分发出的制动指令等信息，根据列车运行速度及车辆载重；将制动指令转换成所需要的制动力值；按再生制动优先的原则，进行电空复合制动的控制；自动检测车辆制动系统状态，记录并显示故障信息；并将有关信息向列车计算机网络报告；对防滑装置进行控制，并向列车计算机网络报告相关信息。

MBCU直接读取制动手柄位置和列控系统车载设备的制动请求并处理这些信息，设定制动所需要的电制动力和电空制动力。电空制动命令通过制动总线发送给列车编组的所有BCU，相应地执行本车空气制动阀的控制；电制动命令通过总线传送给牵引主控制MBCU进行处理并通过列车控制网络（MVB和WTB）传送给所有的TCU。

在列车网络中，司机制动控制器或牵引控制器发出制动请求信号，经中央装置转换成数字信号传送至各车辆的终端装置，再经车辆内部的局部总线传送至制动控制单元，M车的制动控制单元向牵引控制单元发出电制动请求信号，并根据返回信号控制本车的空气制动阀实施所需的空气制动力，同时还要向相关T车的制动控制单元发送空气制动补足参考信号。

四、电制动与空气制动的控制方式

对电制动和空气制动的操纵与控制，可采用不同的操纵方式。电制动与空气制动互相独立，不同时使用，根据需要选择；电制动独立操纵，电制动力不足时，采用空气制动补充，是一种混合控制模式。实际应用时的操纵方式如下。

（一）自动切换式

电制动与空气制动根据需要选择，比如在高速运行范围实施电制动，低速范围内实施空气制动，由制动控制设备（一般是制动控制计算机）实施自动切换。这种切换模式也可称为联合控制模式。

（二）复合运算式

采用计算机控制技术实现计算和分配制动力，在任何情况下，只要设备和外部条件允许，只要操纵制动手柄，制动控制计算机就分配和协调电制动与空气制动力，属于复合控制模式。该模式依然可以采用电制动优先。

（三）速度自动控制

动车组运行过程中的速度自动控制是靠ATC装置来完成的。根据行车指令、线路状况和列车自身状况，ATC装置可计算出列车运行时必须限定的速度值

(限速值);沿列车运行线路里程坐标将运行在各处的限速值连接,可以形成连续曲线。通常,把ATC装置计算所得的限速值称为监控装置控制模式限速值(或简称为模式限速值、计算限速值),把沿线路里程坐标连成的限速值曲线称为监控装置控制模式限速曲线(简称模式曲线或限速曲线)。

ATC装置根据列车实际速度和限速曲线上的相应值(即允许速度)的关系来决定制动指令的级别。ATC制动可使用常用制动和非常制动来实现:ATC的常用制动是通过头车继电器MCR和ATC常用制动继电器NBR,使贯通全列车的电制动指令线、常用制动指令线均得电,全列车产生常用制动作用。ATC的非常制动是让紧急控制电路继电器JTR或非常制动继电器的触点断开,导致非常制动指令线失电,使全列车产生非常制动作用。

五、制动系统与动车组其他系统的接口

(一)制动系统与列车控制网络的接口

动车组的控制系统是车载分布式计算机网络系统。车辆总线将一辆车内的各计算机控制装置联网,列车总线把分布在不同车辆中的主控单元联网,直至安装在列车端部的列车控制中心。动车组网络控制系统与不同的车辆系统接口,并和每个车辆之间进行数据通信。

列车计算机控制列车上的所有制动动作,列车上的各制动控制单元BCU:接收并执行列车计算机给予的命令。

(二)制动系统与列车控制系统的接口

动车组制动系统具有与车载"列车运行速度控制系统"的接口,以便实施安全制动。制动能力是决定信号方式和信号闭塞区间长度、数目的主要因素,ATP/ATC等各种列车运行控制信号系统的设计均须以列车的制动模式曲线为基础(列车超速防护系统是列车自动控制系统ATC的子系统)。列车按照运行图的规定速度运行,运行速度受车载"列车运行速度控制系统"的控制。该系统根据线路允许速度信号控制列车的运行速度,确保列车安全运行;当列车运行速度超过规定值时,该系统会让制动系统产生常用制动或非常制动作用,列车自动减速运行。

动车组的紧急制动按安全回路失电制动的模式建立。列车发生分离、总风压强不足、制动力不足、制动设备故障、制动控制器手柄取出等条件均可使列车控制系统发出紧急制动指令。此外,列车的停放制动、防滑和制动系统供气也由列车控制系统对相应的系统进行统一控制。

（三）制动系统与牵引传动系统的接口

制动系统和牵引系统同属列车控制系统的子系统，两个子系统独立构成闭环控制系统，又通过列车信息控制系统传递控制命令协调工作。动车组电制动系统的组成与牵引传动系统一致，在列车控制系统的作用下实现牵引工况与制动工况之间的切换；当列车转入制动状态后，制动控制单元BCU根据制动级位指令、列车运行速度和车重等参数进行制动力的计算和电、空制动力的分配。

第五章 "CRH"系列动车组关键技术

第一节 动车组交流传动技术

电力牵引列车出现时,多数采用直流传动。随着速度的提高、牵引功率的增加,以及轻量化技术的要求,直流电机庞大的体积、复杂的工艺、高昂的价格、易损的电刷等已经不能满足高速运行的需要。随着交流电动机的出现、大功率半导体器件的发展等,交流传动技术逐渐发展起来。

现代高速列车和动车组几乎全都采用了先进成熟的交流传动技术。交流传动电力牵引的列车一般来说主要由受电弓从接触网上将单相交流电引入列车,经过主变压器进行变压后向主变流器输入,变成需要的直流电,再经过逆变器逆变成牵引电机所需的三相交流电,简称交—直—交传动。

一、交流传动的优越性

三相交流牵引传动系统的优越性在于它集成了简单可靠的三相交流电动机、先进的电子技术和半导体技术,是牵引电传动发展史上的重大突破。三相交流传动系统在机车车辆上的应用已成为主流,也是列车先进技术的代表,主要有如下优点。

(一)具有良好的牵引和制动性能

由于三相交流电机容量大,一般不会受到发热条件的限制,而直流电机常受到最大启动电流和最大磁场削弱的限制。交流电机采用四象限变流器,可以很方便实现牵引与再生能量的转换,为高速列车再生制动创造了条件,节能显著。

(二)具有良好的黏着利用和防空转性能

由于三相交流电机采用平滑调频、调速,牵引力的变化是无极平稳的。同时,调节是采用电子系统依据给定牵引力和转差自动进行,因此启动时可获得较大黏着力。而且电机的容量是根据启动电流和高速时的最大电压选择的,正常运行时不存在启动过电流的时间限制,这有利于充分利用黏着力和牵引重载列车。

(三)电机功率大、质量轻、体积小

因三相交流电机功率大、质量轻、体积小,可以获得较高的功率重量比,而且有利于减轻转向架重量,降低转向架冲击振动对轨道的破坏作用,提高运行速度和运行平稳性。

(四)功率因数高,谐波干扰小

由于采用四象限控制器作为网侧变流器,可使机车和动车在较大负载范围内电网侧的功率因数接近1,电流的波形接近于正弦曲线,从而大大提高了功率利用率,节约能源,提高了供电能力。四象限控制器良好的自动调压性能可使变流环节不受网压波动的影响,从而保证逆变器和牵引电机的正常平稳工作及稳定的功率输出。

(五)操作简便,维修工作量少

交流电机无整流子和电刷,转子无须绝缘,无裸露导电部分,因此电机运行安全可靠,几乎无须维修。列车大量使用电子和电气元件,替代了各种机械式电气设备,大大减少了设备的磨损,避免了复杂的维修。大量自动控制系统的采用,使得司机的操作更加简便。一般情况下,司机只需监视速度、瞭望前方、阅读操纵台显示器上的列车运行信息等。

(六)易于标准化、通用化和模块化

三相交流传动装置的主要电气设备基本上都是由相同的半导体元件的功率开关电路组成,因此易于标准化、通用化和模块化,便于设计、制造、安装和维修。[①]

二、CRH动车组交流传动技术

CRH系列动车组采用了成熟先进的交流传动技术,这为动车组高速安全运行提供了保障。在此,编者仅论述CRH$_1$型、CRH$_2$型动车组牵引传动系统。

(一)CRH$_1$型动车组牵引传动系统

CRH$_1$型动车组牵引传动系统回路主要由受电弓、主变压器、网侧变流器、电机变流器和三相牵引电动机组成。下面对主变压器、主变流器、牵引电动机做简单介绍。

---

①申志锋. 动车组交流传动技术及其应用探讨[J]. 科技创新与应用,2014,(15):292.

1. 主变压器

主变压器,又称为牵引变压器,是交—直—交传动动车组中的重要电器设备,用来将接触网上取得的单相工频交流25kV高压电降为列车各电路所需的电压。CRH₁型动车组有三个主变压器,分别位于三个拖车车体底架上。三个主变压器将25kV工频单相交流电变成900V工频单相交流电后,向所有网侧变流器模块供电。另外,车体上主变压器的旁边还安装了HV控制箱,对主变压器进行状态监测和控制。此外还有接地变压器,为电力回流提供了一条电流通路,防止回流通过轮对轴承,使轴承发热。

2. 主变流器

主变流器,又称为牵引变流器,主要用于电能转换,以满足牵引列车及牵引控制对电能形式的需要。通过网侧变流器模块LCM(Line Converter Module)将经变压后的单相工频交流电转换成直流电,随后经牵引电机变流器模块MCM(Motor Converter Module,逆变器)转换成三相交流电供给三相交流异步电动机。可通过控制LCM和MCM实现动车组的牵引、调速及制动功能。

CRH₁型动车组在5辆动车上各布置了一个变流器箱CB(Converter Box),每个变流器箱内装有一套网侧变流器模块LCM、两套牵引电机变流器模块MCM及一套辅助逆变器模块ACM[Auxiliary Converter Module,向三相系统和电池充电模块提供电流(3×230/400V,50Hz)]。变流器箱内有独立的外部水冷却系统,可对箱内各模块进行有效冷却。每节动车上的两套MCM对应于两台转向架上的4台牵引电动机,列车牵引制动的实现都是通过对牵引变流器的控制实现的。牵引变流器的功率器件是IGBT(绝缘栅双极晶体管),控制装置采用微处理器,可方便地实现功率转换与保护,也可实现再生电气制动。

3. 牵引电动机

CRH₁型动车组的牵引电动机是型号为MJA220-8的三相异步电动机。每辆动车有两台动车转向架,每台转向架安装两台电动机。每台动车转向架上的两台牵引电动机采用并联方式,由相应动车上的变流器箱CB中的一套电动机变流器模块MCM进行供电。

牵引电动机以架悬斜对称方式安装在构架横梁上,通过一个齿轮联轴器和一个减速齿轮箱把电动机主动轴与转向架轮轴连接起来,传递扭矩。电动机轴、齿轮轴与轮轴平行安装,电动机通过三点弹性固定在构架上,电动机主轴通过弹性齿轮联轴器耦合到齿轮箱,以补偿电动机和齿轮箱之间的径向和轴向运动。牵引电动机是进行能量转换的动力装置,在牵引模式下将电能转换成机械能,在制动模式下将机械能转换成电能。牵引电动机的运行由电动机变流器模块MCM计算机进行实时监控。MJA220-8三相异步电动机的主要参数见表5-1。

表5-1 CRH₁型动车组牵引电动机主要技术参数

一般参数		连续工作额定数据		最大数据	
型号	MJA 220-8	频率	92Hz	最大允许转速	4727rpm
相数	3	基本速度	2725rpm	最大设计转速	5392rpm
极数	4	电压	1287V	主轴最大扭矩	2155N·m
质量	600kg	电流	158A	最大制动扭矩	2130N·m
温度等级	C/200	功率	265kW	三相电路短路时的最大气隙扭矩	5506N·m
采用标准	IEC60349-2, 2002	冷却风流速	0.32m³/s	平均短路频次	1次/年
温度传感器	RTD(PT100), 0℃ 100Ω	静态风压	ca.1550Pa		

(二)CRH₂型动车组牵引传动系统

CRH₂型动车组牵引传动系统的过程和原理同CRH₁型动车组。动车组通过位于T2或M2车顶的受电弓(运营中只能升起其中一个受电弓)从接触网将25kV50Hz的单相交流电接引下来,传递到装于车底架上的主变压器,经过变压器将高压变为牵引变压器1500V50Hz的低压,降压后的交流电经过脉冲整流器转换成直流电,经中间直流电路将DC2600V～3000V的直流电输送给牵引逆变器,通过牵引电机变流器转换成频率和电压均可变的牵引变流器三相交流电(电压0～2300V;频率0～220Hz)传递给牵引电动机,电动机驱动柔性浮动WN节联轴器,联轴器驱动减速齿轮组,最后驱动轮对转动,使列车向前运行。

再生制动时,控制牵引逆变器使牵引电机处于发电状态,牵引逆变器处于整流状态,牵引电机发出的三相交流电被整流成直流电并对中间直流环节进行充电,使中间直流环节电压上升。此时脉冲整流器处于逆变状态,中间直流回路的直流电逆变成单相交流电,随之经过主变压器、真空断路器、受电弓等高压设备反馈回接触网,从而实现机械能向电能的转换节省了能源。

1.主变压器

CRH₂型动车组主变压器采用ATM9型,为单相壳式、无密封方式,用来将接触网上取得的单相工频交流25kV高压电降为列车各电路所需的电压。一个动力单元配置1台,整列车配置2台,分别位于两个车车体底架上。两台主变压器将25kV工频单相交流电变成1500V工频单相交流电后,向4台动车上的牵引变流器供电。

2. 牵引变流器

CRH₂型动车组牵引变流器总共有4套,分别配置在4辆动力车上,主要用于电能转换,以满足牵引列车及牵引控制对电能各种形式的需要。牵引变流器主要由单相三电平脉冲整流器、中间直流电路、三电平逆变器、真空交流接触器等主电路设备及牵引控制装置、控制电源等控制设备组成,这些装置都安装在一个铝合金箱体内。每套牵引变流器驱动4台并联的牵引电动机。

脉冲整流器由三电平电压型PWM脉冲整流器和交流接触器K构成,可使交流电网侧功率因数接近1;电网电流接近正弦曲线,消除谐波,最大限度提高电网的经济效益,减少电网对环境的电磁污染;在电网电压或负载发生波动时,能维持中间直流电压的稳定,给电动机侧的逆变器提供稳定的电压。脉冲整流器还可实现快速平滑的牵引、再生制动工况的转换,牵引时整流,制动时逆变。

逆变器部分以支撑电容器电压为输入,牵引控制装置控制IGBT和IPM的开关。牵引时,逆变器输出电压和频率均可调的三相交流电,控制4台并联牵引电机的转速和转矩。再生制动时将发电机(牵引电机转换成发电机)输出的三相交流电经整流后向支撑电容侧输入直流电压。

3. 牵引电动机

CRH₂型动车组采用MT205型三相鼠笼异步电动机。每辆动车有2台动车转向架,每台转向架安装2台电动机。每台动车上的4台牵引电动机采用并联方式,由相应动车上的变流器箱中的一套变流器进行供电。牵引电动机以架悬斜对称方式安装在构架横梁上,通过挠性浮动齿式联轴节(QD2572A2型,WN节)和一套减速齿轮箱把电动机驱动轴与转向架轮轴连接起来,传递扭矩。电动机额定输出功率为300kW,最高转速6120rpm,最高试验速度达到7040rpm。表5-2是MT205交流电机的技术参数。

表5-2 CRH₂型动车组MT205牵引电动机的主要技术参数

一般参数		连续工作额定数据		最大数据	
型号	MT205	频率	140Hz	最高使用转速	6120rpm

一般参数		连续工作额定数据		最大数据	
相数	3	基本速度	4140rpm	最高试验转速	7040rpm
极数	4	电压	2000V	转差率	1.4%
质量	440kg	电流	106A	效率	94.0%
方式		功率	300kW	功率因数	87.0%
绝缘类别		温度上升极限	200K		
冷却方式		轴承润滑脂	nunimaxR NO.2		

第二节 动车组高速制动技术

我们常见的货车、普通客车几乎都是采用压缩空气驱动闸瓦抱住车轮踏面进行制动的,而制动的同时常听见踏面与闸瓦摩擦时产生的"嘘嘘"尖啸声,列车制动起始和停止瞬间乘客会有前冲后仰的趋势,列车之间有前后撞击的声音,制动不平稳。而列车运行速度超过200km/h后,其制动所需能量是普通列车的4~9倍,此时若仍然采用这种踏面制动,高速旋转的车轮、强大的能量,闸瓦会在短时间内消耗殆尽,制动更不平稳,存在极大的安全问题。因此对高速列车的制动要求与普通列车完全不同,依赖单一的空气制动,已远远不能满足高速列车的需要了。高速列车需要更加快捷、环保、有效、低噪音、安全、可靠的复合制动系统。而要实现平稳安全的制动,先进灵敏的控制系统必不可少。

复合制动是指列车采用两种及以上制动方式,制动时优先使用其中某种制动方式,使列车速度降到一定程度,再启动另一种制动模式,最后使列车快速平稳地停下来。也可几种制动方式同时作用。日本、法国、德国是世界高速铁路技术的代表,它们在高速制动技术领域同样处于世界领先水平。

一、高速动车组的常见制动方式

高速铁路在发展过程中,经历了电阻制动+闸瓦制动、电阻制动+闸瓦制动+盘形制动、再生制动+涡流盘制动+盘形制动、再生制动+盘形制动、盘形制动+线性涡流制动等复合制动形式。下面对7种用于高速动车组的常见制动方式进行简要介绍。

(一)闸瓦踏面制动

闸瓦踏面制动是最传统的一种制动方式。制动时列车中压缩空气推动制动杠杆将闸瓦压在车轮踏面上,产生摩擦以进行制动。制动过程中,列车的动能转换成闸瓦与踏面之间的摩擦热能消耗掉。踏面和闸瓦在制动过程中均为摩擦件,闸瓦易消耗,踏面易损伤。

(二)电阻制动

电阻制动指的是列车制动时,牵引电动机作为发电机工作,将运行的动能转变为电能,电能在制动电阻上变为热能消耗掉。这种制动方式没有摩擦件,具有维修工作量小、可反复使用的优点。

(三)盘形制动

盘形制动指的是在转向架车轴或车轮上安装制动盘(分别叫轴盘制动和轮盘制动),制动时,摩擦材料(闸片)夹紧这些盘片产生摩擦进行制动。因盘形制动是两侧夹紧,所以摩擦面积比闸瓦踏面制动要大;又因为是平面摩擦,所以制动容量大、磨损量小。另外,盘形直径较大,散热好。现在采用的制动盘通常是带有通风、散热筋高强度合金锻钢盘。

(四)涡流盘制动

涡流盘制动指的是旋转的制动盘切割通电涡流线圈产生与制动盘旋转方向相反的电磁力矩,从而产生制动力的方式。钢材料的涡流制动圆盘安装在车轴上,涡流制动线圈安装在制动盘的两侧。制动时,涡流制动线圈通以电流,涡流线圈便成为电磁铁,制动圆盘随车轴转动,根据电磁感应原理,制动圆盘上就有涡流产生。产生的涡流在电磁铁磁场的作用下,就会产生和车轴转动方向相反的电磁制动力矩,从而使车轮减速。涡流制动的优点是没有摩擦副,无须日常维修。缺点是在低速时制动力下降很快,而且装置结构复杂、重量大、耗电大。

(五)磁轨制动

磁轨制动也称轨道电磁制动,它是靠安装在转向架下面的电磁铁与钢轨之间产生的吸附作用,使车辆减速或停车的一种非黏着制动。由于车轮与钢轨之间不产生摩擦,所以说它是非黏着的。

(六)线性涡流制动

再生制动与盘形制动结合这种复合制动方式在绝大多数列车上使用,但当列车速度超过300km/h时,制动缸套和盘形制动闸片磨损急剧增加,因此更高速度的高速动车组对制动提出了更高的要求,必须解决高速制动部件的磨损问题,故研发了无磨损、非黏着制动装置的线性涡流制动装置。线性涡流制动装置一般安装在拖车转向架上,涡流磁铁离轨面7mm,通过涡流感应产生制动力。磁铁的高度可根据车轮直径运行过程中磨耗变化而进行调整。

(七)再生制动

再生制动指的是列车制动时,将动能转变为电能反馈回接触网的制动方式。它与电阻制动、涡流制动、磁轨制动同样属于电制动,制动时让牵引电动机变为发电机状态工作。需要说明的是,牵引电机的这种角色转变在控制上是很容易实现的。要让发电机发电就得从外部给发电机输入能量才行,电阻制动和再生制动是巧妙利用制动时的列车动能来让发电机发电的。电阻制动让电能消耗在列车上的制动电阻上变成热能消耗掉,而再生制动则让发电机的电能反馈到电网加以再利用。显然,电阻制动所得的电能白白浪费掉了,而再生制动则带来节能的效果,加之再生制动无须在车上设置制动电阻,还可以减轻车体重量,二者的优劣是不言自明的。自交流传动技术采用以来,几乎所有现代先进高速列车均采用再生制动这种制动方式,它也是高速列车先进技术的一个代表。[①]

二、CRH系列动车组的制动技术

动车组制动技术主要体现在两大方面:一是指挥制动的控制系统;一是实施制动的制动装置(电制动装置和基础制动装置)。在此,编者仅论述CRH$_3$型、CRH$_5$型动车组的制动技术。

(一)CRH$_3$型动车组的制动技术

CRH$_3$动车组的制动系统由电制动系统(动车)、空气制动系统、防滑装置和制动控制装置等组成。动车组制动系统采用电空联合制动模式,电制动优先。正常情况下,通过司机台上制动控制器手柄或ATC装置实施制动,系统能够基于预先设定的制动模式曲线控制列车的减速或者停车。

CRH$_3$动车组使用的空气制动系统包括直通式空气制动系统和自动式空气制动系统。CRH$_3$动车组使用的直通式空气制动系统采用电子控制,动车组的直通

---

①李西安,王亦军. 高速铁路动车组制动系统维护与检修[M]. 成都:西南交通大学出版社,2019:162-167.

式制动系统可按制动模式曲线控制列车减速或停车。安装在每辆车上的微机控制的制动电子控制装置负责执行本车的制动控制功能,包括接收和解读制动控制手柄或信号系统发出的制动指令,以及其他用于列车制动控制的重要信息。如直通制动系统出现故障,系统会产生故障导向安全作用,必要时实施紧急制动停车。直通制动系统不能正常工作时,通过手动转换,可启动备用的自动空气制动系统。

制动模式主要有紧急制动、常用制动、停放制动、备用制动等,下面对各制动模式做简要介绍。

1. 紧急制动

可通过以下方式触发紧急制动:按下司机室紧急制动按钮;操纵制动力控制器到"紧急制动"位置;由列车保护系统或自动警示设备启动(SIFA);列车运行过程中启动的任何停放制动;监视到转向架稳定性或轴承温度发生异常。

紧急制动过程中,产生最大的制动力和最大的减速度,可采用纯空气制动,也可采用"电制动+空气制动"的混合制动模式。第一种制动模式叫"R+E100%",指的是"空气制动+100%电制动",其中R包括列车阻力,是首选制动模式,因为它能减少摩擦制动并实现能量回收。这种模式的制动通过EP制动和ED制动的协作实现,在电制动有效的情况下(制动模式R+E100%),无论是动力轴还是非动力轴的制动缸,从最大速度到最终列车停止的各个速度等级下都保持较低水平的摩擦制动压力。第二种制动模式就是我们常规的纯空气制动,这种制动模式完全独立于电网之外,这种情况,在制动初速度为300km/h时,制动距离(包括制动响应时间)为3700m。

2. 常用制动

列车正常运行时,实施常用制动。对于常用制动而言,制动力设定与制动力控制器的扳动角度成比例。为了减少盘形制动装置的磨损,首先启用电制动作为基本的常用制动。当电制动达不到要求或者电制动启动失败需要空气制动作为补充制动时,空气制动才起作用。常用制动工况下,车轮防滑系统起作用。同样在制动过程中也会进行制动力的分配计算,制动管理系统保证了在制动时摩擦系数不会超标,导致制动力过大,也保证了列车摩擦制动与负载的匹配。

3. 停放制动

在动车组某些单元制动器内设置有停放制动装置,用于列车安全停靠。司机通过一个按钮控制停放制动,在列车停放(无压缩供气)时,使列车安全停靠,停靠设计的最大坡度为30%。

每个动车车轴安装有2套轮盘式铸钢制动盘+粉末冶金闸片+电子防滑器;每个拖车车轴安装有3套轴盘式铸钢制动盘+粉末冶金闸片+电子防滑器。另外,对应动车车轮安装有撒砂装置。

4.备用制动

CRH₃动车组的备用制动系统为自动式空气制动系统,在电空控制的直通空气制动无法使用时(故障或救援/回送状态)启用。备用制动系统启用后,可通过控制制动管的空气压力,来实现列车的制动和缓解;制动管的空气压力变化,可由动车组自身的备用制动控制阀或救援/回送机车控制。系统启用后,牵引/制动控制手柄的制动控制被切断,电制动也无法使用。

(二)CRH₅型动车组制动技术

CRH₅动车组的制动系统由电制动系统、空气制动系统、防滑装置和制动控制装置等组成。动车组制动系统采用电空联合制动模式,电制动优先。直通式制动系统能够基于预设的制动模式曲线控制列车的减速或者停车。而直通制动系统不能正常工作时,通过手动转换,可启动备用的自动空气制动系统。

制动模式主要有紧急制动、常用制动、停放制动、备用制动、停车制动等。下面对各制动模式做简要介绍。

1.紧急制动

制动指令在紧急制动过程中,产生最大的制动力和最大的减速度。制动指令同时施加给直通制动系统和自动空气制动系统,此时牵引和电制动均被切断,所有车辆施加最大空气制动力。

2.常用制动

列车正常运行时,实施常用制动。常用制动过程中优先使用电制动,而且首先在动车上实施动力制动,如果制动力不够,再在拖车上施加空气制动。如果动力制动不起作用,则启动全部摩擦制动来代替,在速度小于10km/h时则全部采用摩擦制动。

3.停放制动

在动车组某些单元制动器内设置有停放制动装置,用于列车安全停靠。司机通过一个按钮控制停放制动,在列车停放(无压缩供气)时,使列车安全停靠,停靠设计的最大坡度为30%。

4.备用制动

CRH₅动车组的备用制动系统为自动式空气制动系统,在电空控制的直通空气制动无法使用时(故障或救援/回送状态)启用。备用制动具备紧急制动功能。

5.停车制动

在速度低于5km/h时,动力转架上施加空气制动,使整个列车实现一个均衡的减速制动效果。

同样,CRH₃型动车组也具备安全制动和防滑功能,其启动控制方式与其他CRH型动车组类似。

第三节 动车组控制和管理系统

一、高速列车运行控制系统

高速列车运行控制、监控和诊断系统对于保证列车运行安全、快捷、舒适和节能至关重要,其目标是"安全正点、控制平稳、高效节能"。传统的列车监控、控制及诊断系统不能满足高速运行状况,如紧急制动时,一列以300km/h运行的列车需要近4000m才能停下来,远远超出了司机的目视范围。这就要求开发具有自动进行监控、控制及诊断的先进管理系统,日、法、德等国高速列车先驱者做了大量研究工作,也通过几十年的运营实践证明了其系统的先进、安全、可靠。列车运行控制系统由地面设备、车载设备和信息传输设备组成,是先进的控制技术、通信技术、计算机技术与铁路信号技术融为一体的行车指挥、安全控制机电一体化的自动化系统。

运行控制管理系统对高速列车安全运行起着重要作用,世界各国在发展高速铁路时对该系统都十分重视,投入了大量的物力与财力进行研究和开发,研制了许多基础技术装备。为了确保高速列车运行安全,广泛采用了冗余技术,发送和接受设备都是双套,必须在相互比较一致后才输出。当今世界各国高速铁路都根据各自国情研制使用了多种不同制式的列车运行自动控制系统。

高速列车运行控制系统的发展方向是采用车载信号为主体信号的运行监控系统,将列车位置传感器放在车上,地面和车上之间的信息传输采用无线的方式,从而可以大大提高信息交换的速度。由车载系统接收地面无线信号以后,再通过车上的微机进行处理,根据列车制动性能、线路情况和速度要求,对制动模式进行计算,根据计算结果进行控制,以防止超速和冒进。

二、CRH系列动车组运行控制和管理系统

列车运行控制系统包括地面系统、车载系统和信息传输系统,本节着重介绍车载系统。

动车组控制和管理系统(Train Control and Management System,TCMS)对于高速列车的安全运行起着至关重要的作用,在动车组高速运行时,必须对它进行全面、统一、准确的控制,才能保障系统的正常工作。另外,一旦高速列车发生故障,就会对高速列车带来非常严重的后果,因此必须在事故发生之前,利用先进的装备与技术对列车的故障进行自诊断,保存故障信息以及必要的故障自排除。CRH系列动车组控制和管理系统是车载分布式的计算机网络系统,采用列车总线将分布于各车厢内的计算机控制装置进行联网并通过显示屏显示,控制各设备的运行状态,从而实现对动车的重联控制和对全列车的综合监控作用。

CRH系列动车组均采用了先进的运行控制管理系统,以实现列车高速安全运行。在此,编者仅论述CRH$_2$型、CRH$_5$型动车组控制与管理系统。

(一)CRH$_2$型动车组控制和管理系统

CRH$_2$动车组控制和管理系统采用列车控制微机网络系统完成信息传输功能。CRH$_2$型动车组列车信息传输系统采用两层网络结构,上层为连接各动态编组车辆的列车级通信网络,下层为连接车辆内固定设备的车辆级通信网络。

上层列车级网络系统由列车信息中央装置(简称中央装置)、列车信息终端装置(简称终端装置)、列车信息显示器、显示控制装置、IC卡读写装置及乘客信息显示器等组成。中央装置位于端部司机室内,由控制传输部和监视器部组成,具有列车信息管理和向终端装置传输数据的功能。各车辆设置一台终端装置,实现本车车载设备的信息传输与控制。上层网络的核心是列车运行控制计算机,各中央装置和终端装置连接其上,采用双重环路结构。中央装置与终端装置之间通过光纤双重环路及自我诊断传输线(双绞屏蔽线)连接,控制指令通过上述两种方式进行传输。双重环网结构的光纤规格为ANSI 878.1 ARCNET,传输速率为2.5Mbit/s。自我诊断使用的双绞屏蔽线采用HDLC作为数据交换协议,传输速率为38.4kbit/s。车辆信息传输线由环线回路组成,如果在一个方向的环绕中检测到没有应答的情况,则向另一方向进行环绕传输,能够避开故障部位。控制指令传输系统采用独立于监视器部的双CPU方式,具有故障导向安全和备份作用,在环路网络故障时使用自我诊断线(备份传输线)传输信息。

下层网络用于各车辆,属车厢级网络结构,是连接车内各车载设备的数据通

信系统。中央装置或终端装置与车辆内部设备之间采用点对点通信方式,牵引变流器、制动单元与终端装置采用光纤连接,其他设备与中央装置、终端装置采用电流环方式连接。车厢内部设备与列车网络节点之间的点对点通行方式,适用多种通信协议,包括 20mA 电流环、30mA 电流环及高级数据链控制(HDLC,High-level Data Loop Control)。

CRH₂ 动车组控制和管理系统根据故障内容,诊断系统能智能地提供相应处理措施,可以给维修人员提供参考方案。行车中或者维修时,故障诊断结果将输送到列车状态数据存储装置或者其他数据中,为维修提供状态依据。此诊断信息显示在司机室的列车信息显示器上。各个主要控制设备中也设有故障读出端口,以便读取故障信息。

(二)CRH₅ 型动车组控制和管理系统

CRH₅ 动车组配有一套基于多台微机的系统,可控制并监控所有列车和车辆的相关功能(列车网络控制系统 TCMS)。其结构基于 TCN 标准(IEC61375-1),具有 WTB(列车总线)和 MVB(车辆总线)串行接口,使用两个冗余的 MPU 模块。TCMS 体系结构基于具有高冗余度的标准 TCN,该体系结构使用 2 个标准的 TCMS 模块,每半列车(称为车组)1 个,两个动力单元通过网关进行动力单元间和连挂列车间的通信。此外还有一个 CAN 总线标准的车辆总线,仅用于次要设备的诊断。系统具有完善的冗余和控制、诊断和监视以及故障存储功能。一个标准的 TCMS 模块可以控制 4 节车辆,并且包括两个不同的等级牵引(主要功能)、支持(次要功能)。根据设备的数量或线路的长度,利用"中继器"来增加 MVB 总线的长度。MPU 有两个 MVB 接口,第二个接口将两条总线的 MPU 与 MVB/WTB 网关(冗余设计)和驾驶员监控器连接在一起。

两个动车组之间的连接通过穿过头车自动车钩的"WTB"(列车总线)型冗余链路来实现。此总线是 TCN 网络的一部分,它在长度因挂钩/摘钩操作而发生变化时可以实现网络的动态重组(网关重新编号)。该总线使用具有可控阻抗的冗余介质,其传输的信息速率约为 1Mbit/s,传输距离为 860m,22 个节点,备用节点有 4 个,网关的轮询周期约为 50ms,同一总线还用于两个单元之间的通信。每次列车重新编组或列车连挂初运行,要进行列车总线即 WTB 总线的配置,对于规范的列车总线 WTB,本身具有自动配置功能,操作人员只要按规程操作,最后检查配置状态以确认配置是否正确。如果配置不正确,列车总线将不能正常通信。

车辆总线为 MVB(Multifunction Vehicle Bus,多功能车辆总线)。该总线使用阻抗受控的冗余介质,其传输的信息速率约为 1.5Mbit/s,最大传输距离 200m,32

个节点(设备),备用节点每段至少为20%,用于处理数据的备用带宽约为30%。在此总线上可以使用不同的轮询周期:从用于快速信息的32ms到用于较次要信息的512ms,每个车组有3条总线:牵引、车内设施和信号。

诊断系统的主要任务是识别部件的偶发性故障,在部件故障时提供状态数据及对策,记录列车故障数据,为列车控制提供各相关部件的状态。TCMS系统还会采集智能设备的诊断数据,并对非智能组件进行诊断。诊断数据可以在本地监视器上获得,对诊断数据的访问权限使用密码保护。对于每条诊断消息,维护人员可以看到一项具体的操作指导,以帮助他们解决问题。

CRH₅的TCMS的主要诊断项目为:①列车的牵引、制动及控制系统的状态;②走行部件的安全性;③旅客安全相关设施的状态(如车门关闭状态等);④各类电子电气设备;⑤影响列车正常运行和使用的其他设施状态。具体系统如下:防滑(WSP)、牵引、充电机、不间断电源、空调、制动系统、压缩机、门、厕所、乘客信息系统、TCMS、列车系统(丧失冗余,特定系统中不包括的各种零部件)、司机台等。

第六章 动车组运行组织管理

第一节 动车组专业管理规定

一、动车组编号基本知识

(一)动车组的型号和列车编号构成

动车组的型号和列车编号构成,如图6-1所示。

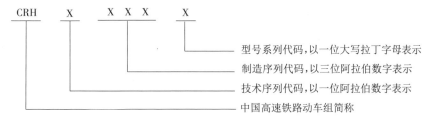

图6-1 动车组的型号和列车编号构成

(二)动车组中车辆的车种和编号构成

动车组中车辆的车种和编号构成,如图6-2所示。

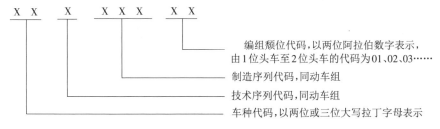

图6-2 动车组中车辆的车种和编号构成

动车组编组中的车种代码规定如下:车种代码是汉语拼音缩写,分别为:一等座车 ZY,二等座车 ZE,软卧车 RW(动车组软卧车厢号为 WR),硬卧车 YW,餐车(含酒吧车)CA,二等座车/餐车 ZEC,餐车卧车合造车 CW。

各型动车组技术序列代码规定如下:BSP 动车组定为"1",四方股份动车组定为"2",唐山工厂动车组定为"3",长客股份动车组定为"5"。

各型动车组的制造序列代码规定如下:按不同的技术序列单独编排,顺序由001~999依次排列。

各型动车组的型号系列代码按速度等级、车种确定。对已有的动车组规定如下:A——200~250km/h、8辆编组、座车;B——200~250km/h、16辆编组、座车;C——300(含275)km/h、8辆编组、座车;D——300(含275)km/h、16辆编组、座车;E——200~250km/h、16辆编组、卧车;F——160km/h、8辆编组、城际动车组;G——200~250km/h、8辆编组、耐高寒座车;H——200~250km/h、8辆编组、耐风沙及高寒座车;I——预留;J——综合检测动车组。

动车组编组顺位代码规定如下:以两位阿拉伯数字表示,位置排列编号自首车起从"01"开始顺序排列,尾车的排列编号为"00"。

二、动车组各专业人员配备与隶属

动车组本务司机、地勤司机隶属机务段管理。

随车机械师、存放点车辆调度人员、地勤机械师隶属车辆段管理。

客运乘务人员(列车长、列车员)隶属客运段管理。

三、主要岗位职责

(一)本务司机

认真执行规章制度,服从命令听从指挥,切实履行规定职责。

动车组在区间被迫停车时,负责指挥随车机械师、客运乘务组处理有关事故救援等事宜。

出所后,负责 CRH$_1$ 型、CRH$_{2c}$ 型、CRH$_3$ 型、CRH$_5$ 型动车组的车门集控开关。在车站,列车在规定位置停稳后开启车门;开车前,根据客运乘务员通知,关闭车门。

动车组运行中出现故障时,按车载信息监控装置的提示,按步骤及时处理;需要由随车机械师配合处理时,通知随车机械师。

负责在运用所内(动车组操纵端司机室)与地勤司机办理动车组驾驶、列控车载设备、LKJ、CIR设备及制动系统技术状态、主控钥匙、司机室门钥匙及列控车载设备柜钥匙交接。

(二)地勤司机

认真执行规章制度,服从命令听从指挥,切实履行规定职责。

动车组出入运用所(存放点)时,负责与本务司机办理动车组驾驶、列控车载设备、LKJ、CIR 设备及制动系统技术状态、主控钥匙、司机室门钥匙及列控车载设备柜钥匙交接。

动车组出所时,负责确认行车安全设备技术状态,与相关行车安全设备检修单位办理行车安全设备合格证交接;负责与动车所质检员办理驾驶设备技术状态交接。

负责动车组调车作业。

负责检修库以外停放的动车组防溜设置及撤除。

(三)随车机械师

认真执行规章制度,服从命令听从指挥,切实履行规定职责。

负责在运行途中监控动车组的技术状态,发现故障及时将有关信息通知司机,并采取措施,妥善处理。

出所后,负责 CRH$_2$-200 型动车组的车门集控开关。在车站,列车在规定位置停稳后开启车门;开车前,根据客运乘务员通知,关闭车门。

动车组出入所时,负责与运用所(质检员)办理技术交接;与调度员或地勤机械师办理车门集控开关钥匙交接。

在司机指挥下,处理有关事故救援等事宜。

发生危及行车安全故障或其他紧急情况时,使用紧急制动阀停车或通知司机采取停车措施。

(四)客运乘务员

认真执行规章制度,服从命令听从指挥,切实履行规定职责。

在车站,确认旅客乘降情况,通知司机关闭 CRH$_1$ 型、CRH$_{2c}$ 型、CRH$_3$ 型、CRH$_5$ 型动车组车门;通知随车机械师关闭 CRH$_2$-200 型动车组车门。

发生危及行车和旅客生命安全的紧急情况时,使用紧急制动阀停车或通知司机采取措施;需要组织旅客撤离列车时,通知司机,由司机向列车调度员报告或通知就近车站值班员;在司机指挥下,处理有关事故救援等事宜。

(五)动车组存放点车辆调度人员

负责按照作业计划组织、协调各专业作业,传达命令和作业前后的登记。

负责随车机械师出退乘报到及动车组主控钥匙、司机室门钥匙、车门集控开关钥匙及列控车载设备柜钥匙等管理。

负责组织协调处理动车组相关事宜并及时报告。

(六)动车组存放点地勤机械师

负责动车组设备使用及管理。

负责配合存放点的调车、客运整备、保洁、吸污作业,检查吸污作业质量。

负责动车组防冻。

负责与存放点的动车组随车机械师办理交接。

第二节 动车组运行安全管理规定

一、安全规则

列车乘务组人员(列车员、保洁员、配餐师、服务员、车辆机械师、乘警)应当接受列车长统一领导,各负其责、各司其职,在确保旅客安全的情况下,质量良好地完成本岗位工作。特殊情况下,按规定也要服从司机统一指挥。

客运乘务组人员上岗前必须通过路局培训,待劳动安全考试合格后,由路局统一颁发上岗证后,方能上岗。

列车长、列车员主要承担服务旅客、查验车票、处理票务、危险品卡控、突发事件应急处理等工作。发生影响旅客安全问题时,客运乘务组应当立即采取有效措施,保护旅客生命和财产安全。

旅客乘降按照"前门下,后门上"分工,特殊情况可通报车站具体变更组织方案。到达中间站前,列车通过列车广播组织旅客在各车厢运行方向前端车门等候下车。车站开车前提前5min停止检票,始发站提前20min检票放客,列车长提前20min(折返站10min)按规定通知司机、司机通知机械师开门。到站为低站台时,到站前由列车长组织提前打开车门翻板,并提示附近旅客安全注意事项,开车后及时放平、扣锁翻板;到站为高站台时,车门翻板免开。发车前,由列车长确认旅客乘降完毕后,通知司机关闭车门(始发站为开车前2min),用语为"××次司机,××次列车请关门",司机听到后回答"××次关门,司机明白"。如自动开关门装置故障时,由司机通知随车机械师和列车长,列车长负责组织手动开关车门,随车机械师负责处理相关故障。动车组到站停稳后,司机负责开启车门。

按钮不在司机操作台的,由司机通知机械师开关车门。动车组重联运行时,两列车长同时确认旅客乘降完毕,二组列车长和一组列车长呼应乘降完毕,由运行前方列车长第一组的列车长负责确认旅客乘降情况并通知司机。

列车乘务人员应当配备无线对讲机,及时通报各种信息,但不得用对讲机从事与工作无关事情。[①]

动车组列车乘务室只能用于放置班组资料和办公用品,不得储物或改作他用。

普通列车除指定车厢吸烟处外,其他车厢一律禁止吸烟。列车乘务员要加强宣传,对吸烟的旅客做好解释引导工作。

列车销售的食品、饮品必须为全国名优产品,并实行统一采购、统一进价、统一销售价格,严把食品、饮品进货渠道,防止旅客食物中毒。

列车乘务人员在列车运行中应当注意对列车安全设备的管理,制止旅客搬动、触碰安全设备等不安全行为。严禁任何人在列车运行中打开气密窗。除工作需要列车长或列车长指定的工作人员准许进入司机室外,其他人员一律不得进入司机室。

电气化线路上,接触网的各导线相连部件,通常均带有高压电,禁止直接或间接(通过任何物件如:棒条、导线、水流)与上述设备接触。

为保证人身安全,除专业人员按规定作业外,任何人员所携带的物品(包括长杆、导线等)与接触网设备的带电部分必须保持两米以上距离。动车组需要外皮洗刷作业时,必须在接触网断电区域进行。严禁保洁人员用水冲洗车顶受电弓、高压电缆头连接器,上述部位的清洁应采用湿抹布擦抹方式。同时登高作业要采取安全防护措施。内部保洁严禁用水冲洗地板、墙板和车辆连接处。

全列车门的开启和关闭由司机操控。

列车乘务人员在车门关闭后,不得随意开启车门;遇特殊情况必须开启车门时,须先由列车长确认列车未启动,得到司机同意后方可开启车门;再次关闭后,由列车长逐辆确认车门状态,通知司机已关闭车门,由司机确认车门状态后方可动车。列车运行中如车门发生故障,危及人身安全时,现场发现人员应立即采取临时安全防护措施,并通知机械师处理。列车停车时车门发生故障,列车乘务人员可采取手动开关车门。

列车运行中发生影响列车正常运行时,列车长应向司机询问原因,并应按照晚点处置有关规定向旅客说明情况,做好安全宣传,稳定旅客情绪。防止旅客擅自开启车门。

因接触网临时停电或列车故障造成列车途中停车或中断行车时,列车长应组织列车乘务人员启动动车组发生行车中断应急处置预案,各岗位乘务员要坚

---

①李冰毅,朱亚男.高速铁路动车组驾驶与运用[M].成都:西南交通大学出版社,2019:53-60.

守工作岗位,加强车内巡视,照顾好重点旅客,并向旅客做好宣传解释,不得擅自开启车门,防止发生意外。

列车运行中遇有旅客因伤、病必须临时停车抢救时,列车长应通过司机向所在局列车调度员报告情况请求临时停车。

列车长应组织列车乘务人员启动动车组旅客人身伤害或急病事件应急处置预案,及时编制客运记录并做好交接准备。列车长应及时将现场情况报告段调度室及所在车队负责人。列车乘务人员不得下车参与处理。

列车运行中发生火灾爆炸时,列车长应组织列车乘务人员启动动车组发生火灾爆炸事故应急处置预案。列车乘务人员应当立即按动报警按钮和紧急停车按钮,将旅客疏散到安全车厢,有防火隔断门的,应当关闭防火隔断门,及时将情况通报司机及列车长,并及时将现场情况向段调度室报告。

列车运行及途中作业安全:①客车运行中工作人员严禁向车下扔、扫垃圾;列车运行中严禁旅客向车下扔东西或杂物;餐车防护栏必须入槽加锁牢固;列车方向牌必须入槽加锁牢固;餐桌、茶桌、空酒水饮料瓶必须及时清理;果皮盘及其他垃圾必须及时清理。②运行在提速区段的列车方向牌必须具有锁闭装置,悬挂方向牌前要进行安全状态检查,锁闭装置失灵的严禁悬挂,挂牢方向牌后,必须确认处于锁闭状态。

二、动车组应急处置及组织机构职责

(一)组织机构及职责

应急处置领导组工作职责是:①制定动车组应急处置的方针、政策、制度、办法。②指挥、指导、监督应急处置指挥组启动应急预案,全面掌握应急预案的实施。③听取应急处置指挥组汇报,对应急处置指挥组的工作提出指导意见。④需要应急处置领导组解决、协调的其他重大事宜。

应急处置指挥组工作职责是:①旅客列车发生火灾、爆炸、灾害、事故危及旅客和职工生命财产安全时,组织启动实施旅客列车安全应急处置预案。②负责制定旅客列车安全应急处置预案,并组织实施。③指挥现场启动安全应急预案,对安全预案在执行中出现的问题,提出指导意见。④需要安全突发事件应急处置指挥组解决、协调的其他问题。

乘务组织突发事件应急处置指挥组工作职责是:①旅客列车发生食物中毒事件及旅客人身伤害或急病、死亡等突发事件时,组织启动旅客列车乘务组织应急处置预案。②负责制定旅客列车乘务组织应急处置预案并组织实施。③针对预案执行中出现的问题,提出指导性意见。④需要乘务组织突发事件应急指挥组解决、协调的其他问题。

现场应急处置组工作职责是:①现场应急处置组组长负责所有应急预案的启动、报告、组织、指挥、实施。②各副组长在列车长的统一指挥下,按照应急处置预案中的职责分工,带领应急处置小组组织实施预案。③应急处置组成员按照预案具体分组的职责,实施预案。

(二)应急处置原则

快速反应、正确处置;先行扑救、统一指挥;站车协同、以站保车;依靠科学、减少损失。

(三)应急处置要求

成立现场处置组;现场反应迅速、信息传递准确、善后处理妥当;分工明确、步调一致、统一指挥;强化培训,提高救治技能。

三、动车组发生火灾爆炸事故应急处置预案

(一)发生电器初始火灾的应急处置预案

动车组发生电器设备冒烟起火时,最先发现、到达现场的乘务人员应立即关闭电源,使用灭火器灭火。同时应当立即按动报警按钮和紧急停车按钮,并立即使用无线对讲机通知列车长及全体乘务员。列车长应立即组织全体乘务人员参加扑救。

接到通知后的全体乘务人员在列车长、乘警的统一指挥下,各负其责,各司其职,全力以赴进行扑救灭火,动车司机坚守岗位,协同处理。

根据火情启动动车组发生火灾爆炸事故的应急处置预案。全体乘务员到达现场后,在列车长、乘警的统一指挥下集中列车所有的灭火器材,根据火灾现场实际情况,采取有效的灭火方案和扑救措施展开扑救,控制火势,扑灭火源。

车辆机械师根据火情要求司机彻底关闭电源。动车司机应立即停止向车内通风。

(二)发生初起明火的应急处置预案

动车组设施或旅客携带品发生初始明火时,最先发现、到达现场的乘务员应立即使用灭火器灭火或可以用来灭火的物品迅速扑救,并立即通知全体乘务员参加扑救。

接到通知后的乘务人员在列车长的统一指挥下,各负其责,各司其职,全力

以赴进行扑救灭火。

根据火情启动动车组发生火灾爆炸事故的应急处置预案。同时列车长应立即使用无线对讲机通知全体乘务员。全体乘务员立即到达现场,在列车长、乘警的统一指挥下集中列车所有的灭火器材,根据火灾现场实际情况,采取有效的灭火方案和扑救措施展开扑救,控制火势,扑灭火源。

动车司机立即停止向车内通风,做好停车准备。如果火情不能迅速有效控制,立即启动动车组发生火灾爆炸事故的应急处置预案。

(三)发生火灾爆炸事故的应急处置预案

1. 运行途中的处置

动车组发生火灾爆炸事故时,最先发现、到达现场的乘务人员应立即按动报警按钮和紧急停车按钮,并迅速将情况通报司机及列车长,同时使用灭火器灭火或可以灭火的物品迅速扑救。列车长接到通知后应立即使用无线对讲机通告全体乘务员参加扑救,动车司机坚守岗位,立即停止向车内通风,协同处理。

在列车长、乘警的统一指挥下,应本着先人员后财产的原则,有序组织人员、灭火器材和可以灭火的其他物品,按预案分工,根据火灾现场实际情况,采取有效的灭火方案和扑救措施迅速展开扑救,控制火势,扑灭火灾。

如衣物、棉絮、地板上的杂物等发生燃烧时,应首先选择用水或就地取材的方式扑救,不得打开车窗通风,如需使用灭火器时应果断使用,以免延误扑救时机;如电源支线处冒烟时,首先将电源关闭或断开保险,使用灭火器向冒烟或烧坏处喷射。

未关闭电源前组织扑救时,应事先确认燃烧物体与接触网带电设备的距离,车厢上部着火距接触网不足4m时,不得用水灭火,灭火人员所站位置要距离接触网2m以外,用水和一般灭火器灭火必须断电。

根据需要动车司机通知就近车站向电力调度员要求切断接触网电源。

在扑救火灾的同时,乘务员应迅速有序指挥旅客向车下及相邻安全的车厢疏散,解救被围困的旅客。对已经疏散的旅客,严禁其返回事故车厢。

根据旅客伤害程度及是否危及生命情况,有计划地实施抢救,对仍处在危险中的旅客要首先抢救使其脱离危险。组织动员旅客中有医护经验的人员参加抢救伤员。对伤员要根据具体情况采取止血、简易固定、包扎等初期现场救护措施,为医院救治创造条件。

要加强宣传,维持好车内秩序,防止旅客跳车和混乱等意外情况发生。火灾处理完毕后,指派专人监护,防止复燃。

列车长和机车司机要在最短时间内向事故发生地铁路局客运、行车调度员报告情况,根据火势情况,提出请求车站、当地消防部门或当地政府、驻军救援的要求。报告内容要简明扼要,主要包括车次、时间、区间、事故概括,火势情况要报告清楚。

2.停车后的处置

列车停车后,动车司机立即打开侧门或由机械师、乘务人员启动侧门紧急开门装置打开侧门,向地面安全地带疏散旅客。车内产生浓烟危及人员生命安全的情况下,应立即使用安全锤击碎侧窗玻璃,必要时可利用侧窗作为紧急出口,向地面疏散旅客。

列车在区间停车时,动车司机应立即使用列车无线调度电话通知两端站、追踪列车和列车调度员,并根据需要做好列车防护工作。在区间向地面疏散旅客时,动车司机还应通知过往列车。

须分解列车时,司机、车辆机械师要密切配合,如使用重联车组时,与重联的动车司机、机械师及时沟通、密切配合,按照先摘后、后摘前的方法将着火车组分解分离,即:先将着火车辆与后部车列分离,并将着火车辆尽量转移到线路平坦处,再将前部车列与着火车辆分离,切断火源,防止火势蔓延。

列车分解时,对尾部车厢腰门要加锁,防止意外情况发生。列车分离后,动车司机应迅速做好列车(包括列车分解后区间遗留的车辆)防护工作。

乘警长要采取措施,维护现场秩序,防止发生混乱,视情况设置警戒区,禁止实施救援以外的人员进入现场,不得擅自移动现场任何物品,对事故现场痕迹、物证有关证据材料要采取有效措施妥善保护。列车乘务人员在扑救火灾的同时,要配合乘警工作,注意保护好火灾现场,采取多种形式做好宣传工作,稳定旅客情绪,共同维护秩序以免发生混乱。在有条件的情况下,应尽可能地对旅客车票及住址进行登记,以备查证。

救援部门到达后,列车长要详细介绍火灾爆炸原因、火势、人员伤亡、疏散情况,协助救援部门灭火。

3.善后处置

列车长要认真了解伤员人数及伤害程度,登记旅客姓名、性别、年龄、单位、地址、车票、身份证号码、其他证件及随身携带物品,并做详细记录,为车站处置善后事宜提供依据、做好准备。

乘警要及时进行调查取证,证据材料要客观、翔实,为现场勘察、认定火灾原因创造有利条件。列车乘务人员要积极帮助公安人员了解情况,提供线索。同时,要积极协助公安机关调查事故情况。

列车长要将掌握的伤亡人员情况和旅客财产损失情况及相关记录,及时移交车站,以便车站尽快处理善后事宜。

(四)动车组发生食物中毒事件应急处置预案

动车组发生疑似旅客食物中毒时,列车长、乘警应立即赶赴现场,及时了解中毒旅客主要症状,掌握中毒旅客人数、发病时间等情况,准确判断毒物根源或确定怀疑导致食物中毒的食物,判明病人基本情况。

列车长要向前方停车站、前方卫生防疫部门、本段生产调度室报告。本段生产调度室应立即上报铁路局卫生、客运主管部门和列车所在地及本地区铁路疾病防控中心。怀疑投毒导致食物中毒时,还应同时向所在地铁路公安机关报告。报告的内容包括:日期、车次、运行区段、发病时间、地点、病人主要症状、发病人数(包括危重人数及死亡人数)、可能引起中毒的食物等,要求车站组织采取的措施。

由列车救护员利用列车配备的医疗救护药箱,采取应急救治措施,采取催吐、导泻等方法和应急救治措施,进行初步救治,积极组织抢救中毒旅客,同时通过广播寻找医生帮助抢救治疗,控制病情进一步发展。按照上级的指示,与有关车站办理交接,对中毒较严重危及生命需立即停车急救的,由列车长立即向所在地路局客调汇报或立即运转车长电台与调度取得联系,在就近具有抢救条件的停车站临时停车,同时组织急救人员做好与中途车站交接的准备工作,协助车站将病人尽快送往就近医院。

发生3人以上具有疑似旅客食物中毒症状时,除按上述要求救治外,列车长立即向前方停车站通报,并汇报所属单位,怀疑投毒导致食物中毒时,还应同时向铁路公安机关报告。并做好相关记载,需要时编写客运记录交前方停车站处理。做好车站移交的准备工作。必要时列车长与行车调度联系,在前方经过的大站停车抢救。

列车长、乘警长应及时调查发病的原因,搜集证据材料,了解旅客发病症状、进食史并做成记录,形成第一手资料。对中毒病人的基本情况做好登记,以便协助卫生防疫等部门,最终调查确定诊断。

列车长、乘警要组织相关人员认真做好稳定旅客情绪工作,防止造成混乱,追回售出的可疑食物,并在低温下封存可疑食物、原材料,保留造成食物中毒或可能导致食物中毒的包装、器皿,采集呕吐物、排泄物样品,封闭被污染厕所,等待卫生检疫人员查验。如不能排除食物中毒是站车列车供应食品所致,要立即停止食品供应,防止继续食用可疑食物扩大中毒事态。

(五)动车组列车发生行车中断应急处置预案

动车组因故发生行车中断,列车长应与司机或列车停留地车站、铁路局调度联系,掌握情况,做到心中有数。并及时向旅客做出解释,通过广播向旅客表示歉意。

动车组不能继续运行时,列车长应及时与司机或列车停留地车站、调度联系,随时掌握晚点情况,需要时用专用数字通信设备与铁路局客调统一电话联系,掌握晚点时间、原因、预计到达时间等情况,做到心中有数。根据掌握的情况,及时部署下一步应做好的重点工作。列车乘务人员应及时向旅客做出解释,如实说明晚点的时间和原因,并通过广播向旅客表示歉意。

列车晚点通告用语为:旅客们,我是××列车列车长,本次列车因××原因晚点,现在大约晚××小时××分。因列车晚点给您造成不便,我代表铁路部门向您表示诚挚的歉意。晚点或线路中断原因按照以下内容表述:自然灾害(暴雨、大雾、大雪、山体滑坡、泥石流……)、事故影响、设备故障。

线路中断,列车不能继续运行时列车员、乘警要安抚旅客,加强车厢巡视,随时向旅客做好解释和服务工作的同时,稳定车内秩序,保证车内治安秩序良好。

在列车长的统一指挥下,列车乘务人员各负其责,做好安全、服务等各项工作。列车乘务人员必须清楚旅客列车晚点情况,及时向旅客通报预计晚点时间和调整列车运行方案等信息。遇旅客问询时,应耐心细致回答,不得使用"不知道""没点"等不负责任语言或有不耐烦表现,以免引起旅客不满而激化矛盾。

如列车停留时间较长时,尽量不要让旅客下车,在车站旅客下车活动时,应将旅客组织到安全地带,确保旅客安全。列车长应组织好对旅客的服务、饮水、饮食供应等工作,尽最大的努力为旅客提供方便,保证旅客生活需要。如饮用水不足时,及时与车站联系上水或补充饮用水,食品不足时应及时与车站或所在地地方政府联系,组织采购,车站应帮助列车解决食品、餐料、饮用水等问题,保证旅客需要或与上级联系,组织供应配餐。

列车停留给旅客生活带来不便或引起旅客不安时,列车乘务人员应主动了解走访旅客,在保证旅客安全的前提下,尽最大的努力为旅客提供方便,尤其是要加强对重点旅客的服务,设法减少因晚点给旅客带来的诸多生活等方面的不便,维护铁路运输企业信誉。

列车必须在中途停留时,应当尽量将旅客列车停留在客运较大车站或城镇所在地车站,以方便解决旅客的饮食和急病救治。列车要采取各种措施,保证滞留旅客的生命财产安全。

列车长应积极与铁路局客调联系,汇报车内情况,尽早恢复运行。同时了解掌握继续停留的时间,随时向调度和单位应急领导小组汇报车内旅客、秩序、供应、安全等情况及请求协助解决的问题,让调度随时掌握车内情况,列车长应根据情况积极提出列车迂回、折返运行等建议。

因故中断停运、折返的动车组旅客列车,对中途下车要求退票、换乘、延长有效期及绕道、返回的旅客,列车长应在车票背面注明日期、车次、原因、返回站,加盖名章,作为旅客免费返回、办理退票、换乘或延长有效期的凭证。

(六)发生旅客人身伤害或急病事件应急处置预案

1.勘查现场,了解伤情、病情,组织抢救、检查车票、采集证言

旅客列车发生旅客人身伤害或急病时,列车长应会同乘警勘查现场,查看旅客受伤程度及发病情况,收集旁证、物证,调查事故发生原因,根据受伤及发病旅客具体情况,积极采取抢救措施。同时检查旅客所持车票的票种、票号、发到站、车次、有效期及加剪情况等;收集不少于两份同行人或见证人的证言和有关证据并保护好证据材料。

收集证人证言时,应当记录证人姓名、性别、年龄、地址、联系方式、身份证号码等内容。证言、证据应当准确、真实,并能够证明事故发生的过程和原因(路局补充规定:证人证言,以非铁路工作人员为最有法律效力)。此外事故发生后,要在第一时间取证,如无目击证人,要尽量采集本人的自述材料。采集证言材料后,有条件时,可将证言复写或复印,一份存查,另一份则必须在三日内移交处理站。

旅客在列车上发生急病生命垂危时,当班列车员要立即向列车长报告,列车长要在第一时间内赶赴现场,并通知广播员利用列车广播找寻医务工作人员到场,在医务人员未到现场或列车上无医务人员时,列车救护员要立即赶赴现场,询问了解旅客病史,根据旅客患病情况,采取措施,做好应急救护工作。

在紧急救护过程中,列车工作人员要将其他旅客疏散到其他席位,维护好车内秩序,确保患病旅客所在位置空气流通,状况良好。

2.编制客运记录或旅客伤亡事故记录,办理移交

列车上受伤及急病旅客需交车站处理时,必要时应提前通知车站做好救护准备工作,将受伤及急病旅客移交三等以上车站(在区间停车处理时为就近车站)处理,车站不得拒绝受理。发生旅客伤亡人数较多的事故,列车认为必要时,应请求地方政府协助组织抢救。列车向车站办理移交手续时,编制客运记录一

式两份(一份存查,一份办理站、车交接),连同车票、旅客随身携带品清单、证据材料一起移交。旅客人身伤害事故系因斗殴等治安或刑事案件所致,列车乘警应在客运记录上签字。

因特殊情况来不及编写记录的,列车长必须指派专人下车与车站办理交接,并必须在三日以内向事故处理站补交有关材料。

如受伤人员伤情及病情较严重,需立即下车治疗时,列车长应立即向所在地路局客调报告请示,准备非图定停车站停车移交,并迅速做好移交准备工作,同时向段生产调度室汇报。

3. 报告程序

发生旅客人身伤害或急病时,要在第一时间拍发事故速报,主送责任单位或发生单位(正常意外伤害主送事故处理站、段),抄送路局客运营销处,发生无票人员伤亡时还要抄送路局安全监察室。事故速报内容包括:①事故种类;②发生日期、时间、车次;③发生地点、车站、区间里程(线别、站名、区间、公里、米);④伤亡旅客姓名、性别、国籍、民族、年龄、职业、单位、住址,车票种类、发到站、票号、身份证号码;⑤事故及伤亡简况(描述直观伤害及发病程度)。

条件允许时,应当先用电话向段生产调度室报告事故概况。

第七章 动车组维护与检修

第一节 动车组故障

一、动车组故障及其分类

(一)动车组故障的概念

动车组故障是指动车组整车或其零部件的某项或多项技术经济指标偏离了它的正常状态,在规定的使用条件下已不能完成规定功能的状态。如某零件及配件的损伤、部件的损坏导致功能不正常或性能下降;电机功率降低;动车牵引力下降;传动系统平稳性变差、振动噪声增大等。

研究故障的目的是诊断故障、预报故障、研究故障机理、排除故障和改进设计,以减少或消除故障的发生,提高动车组运用的可靠性和有效利用率。

产品一般可分为可修复产品和不可修复产品两大类。不可修复产品是指产品发生损伤后不进行维修而报废的产品,其中包括有的在技术上不便进行维修的产品,一旦产生故障只有报废,如照明装置;有的是价格低廉的消耗品产品,维修很不经济,在动车组中属于这类产品的有轴承、油封、电容器及其他电气元器件等。动车组和其他机械设备大多属于可修复产品,在使用过程中都是通过修复或者更换新的零件或部件以恢复原来的使用性能。

动车组在运用过程中,其技术状态随着走行公里数的增加而逐渐变差,继而达不到预定的工作性能,即可认为动车组产生了故障。

有下述现象之一,认为动车组产生了故障:①动力性能下降——动车组不能发出预定的功率,牵引力下降。②经济性能下降——工作效率降低,如齿轮传动效率降低等。③可靠性能下降——如电气部分绝缘老化、击穿,造成短路,导致动作失误,影响正常行车;再如机械部分配合间隙加大,连接松动,产生冲击振动、噪声,可能引起零件的断裂,甚至危及行车安全。

(二)动车组故障的分类

动车组故障可从不同角度进行分类。

1.根据故障的性质划分

间歇性故障:设备只是短期内失去某些功能,稍加检查处理,设备功能就能恢复的故障。

永久性故障:由于设备零部件的损坏,需要更换或修复,设备功能才能得以恢复的故障。

2.根据故障发生的快慢程度划分

突发性故障:不能通过试验或测试手段来预测的故障。

渐进性故障:能够通过试验或测试手段来预测的故障。

3.根据故障的发生规律划分

随机性故障:故障的发生时间是随机的,如轴类零件的断裂。

规则性故障:故障的发生随时间有一定规律性,如轴承的磨损。

故障产生的原因是零件发生了损伤或失效。零件损伤通常有磨损、断裂、变形、腐蚀、电气损伤等形式。[①]

(三)动车组与机件的故障规律

1.故障率的概念

机械产品的技术状况总是随着使用时间的延长而逐渐恶化,其使用寿命总是有限的,其产生故障的可能性也总是随着使用时间的延长而增大,因而它是时间的函数。同时,机械故障的发生具有随机性,因此机械发生故障的情况只能用故障率来表示。

故障率定义:产品在t时刻后的单位时间内发生故障的产品数,相对于t时还在工作的产品数的百分比值,称作产品在该时刻的瞬时故障率λ(t),习惯上称之为故障率。

故障率λ(t)表示的是某时刻t以后的单位时间内发生故障的产品数与t时刻工作产品数之比,它反映了t时刻后单位时间内产品发生故障的概率。因此,也可把故障率称为故障强度。

在实际工程中,经常使用平均故障率。平均故障率表示产品在某段时间内的故障数与此段时间内的总工作时间之比,即:

---

①王闪闪,张龙华,刘俊峰.动车组牵引系统维护与检修[M].成都:西南交通大学出版社,2023:66-72.

$$\lambda = \frac{某段时间内的故障数}{此段时间内的总工作时间}$$

故障率的单位:1/h、%/h或%/1000h(单位时间内产品发生故障的百分数);开关类间歇工作的产品用1/动作数;动车组车辆也可用1/km或1/1000km。

2.动车组平均故障率的表示

动车组平均故障率常采用机破率和临修率来表示。

机破率:机破率是指在规定的走行公里或时间内,动车组发生的机破事故次数。

机破事故指动车组车辆破损故障造成列车在区间内非正常停车,或在车站内非正常停车时间超过一定时间,或由于车钩破损而造成列车分离的事故。

我国铁路部门常用每十万千米的机破事故次数来作为平均故障率指标。英、德、法、日等国普遍使用每百万千米的机破事故次数作为平均故障率指标。

临修率:临修是指动车组发生故障需要临时进行的修理;临修率是指在规定的走行公里或时间内,动车组发生的临修次数。我国铁路部门常用每十万千米的临修次数来作为临修率指标。

3.动车组与机件的故障规律

动车组与机件的故障规律是指动车组产品、零部件在使用寿命期内故障的发展变化规律。大多数产品、零部件的故障率是时间的函数。故障率曲线像浴盆的断面,因此,也叫"浴盆曲线"。故障率的高低随时间的变化可划分为3个阶段:早期故障期、偶然故障期和耗损故障期。

(1)早期故障期

早期故障期是产品开始工作的那段时间,它的特点是故障率较高,且故障率随时间的增加而迅速下降。故障往往是设计、制造的缺陷或修理工艺不严、质量不佳等原因引起的,如使用材料不合格、装配不当、质量检验不认真等。对于刚修理过的产品来说,装配不当是发生故障的主要原因。对新出厂的或大修过的产品,可以在出厂前或投入使用初期的较短的一段时间内,进行磨合或调试,以便减少或排除这类故障,使产品进入偶然故障期。因此,一般不把早期故障看作是使用中总故障的一个重要部分。

(2)偶然故障期

偶然故障期是产品最良好的工作阶段,也叫有效寿命期或使用寿命期。它的特点是故障率低而稳定,近似为常数。在这一阶段,故障是随机性的。突发故障是由偶然因素引起的,如材料缺陷、操作错误以及环境因素等造成的故障。偶然故障不能通过延长磨合期来消除,也不能由定期更换产品、零部件来预防。一般来说,再好的维修工作也不能消除偶然故障,偶然故障什么时候发生是难以预测的。但是,人们希望在有效寿命期内故障率尽可能低,并且持续的时间尽可能长。因此,提高运用与管理水平,适时维修,以减少故障率,延长有效寿命。

(3)耗损故障期

耗损故障期是指产品使用后期的那段时间。其特点是故障率随时间的增加而明显增加,这是产品长期使用后由产品磨损、疲劳、腐蚀、老化等造成的。防止耗损故障的唯一办法就是在产品进入耗损期前及时进行维修,把上升的故障率降下来。如果产品故障太多,修理费用太高,不经济,则只好报废。可见,准确掌握产品何时进入耗损故障期,对维修工作具有重要意义。

以上3个故障期是就一般情况而言的,并不是所有产品都有这3个故障阶段,有的产品只有其中一个或两个故障期,甚至有些质量低劣的产品在早期故障期后就进入了耗损故障期。

二、动车组的可靠性

(一)可靠性的概念

产品设备的可用性、可靠性和维修性是产品固有的3大特性。产品设备的可靠性具有3个要素:一是条件,包括产品的储存、运输、使用安装现场和操作与运用环境等条件;二是时间,是指产品使用的期限或时间区间;三是功能,即产品规定的功能。

因此,可靠性定义为:系统(产品设备)在规定条件下和规定的期间内完成规定功能的能力。

(二)可靠性的数值度量

可靠性可用可靠度进行数值度量,可靠度是可靠性的基本数量指标之一。可靠度的最大值为1,称为100%的可靠,最小值为0,称为完全不可靠,即$0 \leqslant$可靠度$\leqslant 1$。

可靠度定义:产品在规定条件下和规定时间内,完成规定功能的概率。

从产品的故障规律"浴盆曲线"可知,偶然故障期是产品可靠的使用寿命期,其故障类型属于恒定型。在这个阶段,产品的寿命分布服从指数分布。对于动车组产品,当其进入耗损故障期前就应进行检修,恢复其功能。因此,不论是可修复产品还是不可修复产品的可靠性研究,指数分布是常用的一种分布形式,具有与数理统计学中正态分布同等的地位。

对于要求具有高可靠性的动车组产品,恒定型偶然故障期是可靠性研究的主要对象。因为动车组产品、零部件的有效寿命是维修决策的重要依据。

(三)可靠性设计概述

可靠性设计是在产品性能设计和结构设计阶段针对系统、产品和零部件,应用可靠性手段,降低产品失效率,提高产品的可靠性,保证产品质量的一种设计。可靠性设计包括:可靠性论证、可靠性结构设计、可靠性试验。在可靠性论证中,主要是确定系统、产品和零部件的可靠性指标,并进行可靠性预计、分配及可靠性指标的平衡。

动车组等机械产品系统是由若干个单元部件子系统构成的,根据产品结构图纸可以作出装配系统图。参照装配系统图可进一步作出系统与所有构成单元部件子系统之间,以及各部件与各级分组件、零件之间的可靠性逻辑图,这个逻辑图反映了它们之间的可靠性功能关系。利用这种逻辑关系建立数学模型,对系统的可靠性指标进行预计、分配和平衡。

三、动车组的维修性

产品的寿命周期是指产品从研制、生产、销售、使用,直至报废为止的整个时期。动车组的维修贯穿于其整个寿命周期。维修不仅是运行检修部门研究的课题,也是产品设计研制生产部门研究的课题。

(一)动车组维修性

维修性是指在规定的条件下使用的产品设备,在规定的时间内,按规定的程序和方法进行维修时,保持或恢复到能完成规定功能的能力。维修性是产品设备的一个重要性能参数。它表示维修的难易程度,是机械产品在研制生产出来所固有的设计特征。维修性与维修的关系十分密切,它反映产品是否具备适应维修的能力。如应检测的机件应具有相应的测试点或相应的传感器;应检查的机件外露性可达性好;需换件维修的零部件应具备拆卸和装配方便。维修性还集中体现在能以最短的维修时间、最少的维修费用和其他资源的消耗,能够维持和保障产品设备达到完好的技术状态,以提高产品的有效利用率。

动车组的维修性,指可修性、易修性和维护保养性。具体包括:结构简单,零部件组合合理,故障部位容易发现;维修时拆装容易,通用化、单元模块化、标准化高,互换性强;维修材料和备件供应来源充足等。

(二)动车组维修度

维修度是指在规定条件下使用的产品,在规定的维修时间内,按规定的程序和方法进行维修时,保持或恢复到能完成规定功能的概率。

维修度最大值为1,最小值为0,即$0 \leq$维修度≤ 1。

在一定的维修定额时间t内,维修度越大,说明维修的速度越快,实际耗费的维修时间t越少,也说明产品设备的维修性越好。因此,维修度是产品维修性的一种度量。但对相同的产品设备进行同级修程的维修时,当产品的维修性水平一定时,维修度也用维修企业的管理水平和技术水平以及维修保障系统进行评定。

(三)动车组的维修性结构设计

维修性是产品设备的一项固有的设计特性。因此,在产品的设计研制阶段应同时进行维修性设计。维修性设计的主要内容包括:维修性结构设计和维修性指标分配、维修周期设计、维修技术保障设计,以及在样机完成后进行维修性验证。

维修性结构设计的指导性准则,可归纳为如下6个方面:①设备的总体布局和结构设计,应使设备的部件总成易于检查,便于更换、修理和维护。②良好的可达性。可达性是指在维修时,能迅速准确方便地进入和容易看到所需维修的部位,并能用手或工具直接操作的性能。对于易损零部件,更应具有较好的可达性。在考虑可达性时有两条原则:一是要设置便于维修操作(如检查、测试、更换等)的通道,如开设窗口等;二是要有合适的维修操作空间。③单元部件和连接件特别是在日常维修中要拆卸更换的部件要易拆易装,如动车组中的轮对、转向架等。④简化维修作业。减少产品维修的复杂性,使结构简化、轻型化;减少需要维修的项目,使单元部件方便换件维修;提高易损件的寿命,以减少维修次数。⑤配置检测点和监测装置。这是现代产品设备的突出特点,也是动车组车辆产品安全运输的迫切要求。设置检测点、配备传感器和测试监控输出参数的仪器仪表,采用自检和诊断技术,以便对故障进行预报。这是维修设计的重大课题,必须精心设计。⑥零部件的无维修设计。机械产品目前流行的不需维修的零部件主要有:不需润滑,如固定关节、预封轴承、自润滑合金轴承和塑料轴承等;不需调整,如利用弹簧张力或液压自动制动缸等。可将零部件设计为具有一定的寿命,到时则予以报废。

结构设计时采用标准化、互换性和通用化的零部件,模块化整体式安装单元;部件单元之间的连接设置定位装置识别标志;配备专用快速的拆装随机工具与检测装置等,都有利于该目标的实现。

第二节 动车组维修制度

一、维修思想、维修方式与维修制度

(一)维修思想

用于指导维修活动的思想观念或理论称为维修思想。

1.事后维修为主的维修思想

事后维修为主的维修思想是以机械设备出现功能性故障为基础的。当机械设备出现无法继续运转、有明显的经济损失、严重威胁设备或人身安全等功能性故障时,才去设法修理的维修思想。在产业革命时期,是以此作为维修的指导思想,并且与其对应的是事后维修方式。当时的工厂规模小、设备简陋。设备操作工兼管设备维修,谁用谁修,设备坏了再修。随着产业革命的深入、科学技术的发展,机械维修才逐渐形成一个独立的工种,事后维修的思想已不能促进生产的发展。

2.以预防为主的维修思想

以预防为主的维修思想是以机件的磨损规律为基础,以故障率"浴盆曲线"中耗损故障期的始点来确定修理时间界限的维修思想。

由于把机件的磨损或故障作为时间的函数。因此,其对应的维修方式就是定期维修方式。机件的磨损程度主要靠人的直观检查和尺寸计量来确定。所以,拆卸解体检查维修就成为预防维修的主要方法。同时,必须经常检查、定期维修,并且认为预防工作做得越多,设备也就越可靠。而检查和修理的周期长短则是控制其可靠性的重要因素,从这一观点出发,以预防为主的维修思想的实质是根据量变到质变的发展规律,把故障消灭在萌芽状态,防患于未然。通过对故障的预防,使设备经常处于良好的技术状态。实践证明,近几十年来,以预防为主的维修思想及其相应的维修制度基本处于主导地位,在保证各种机械设备包括动车组车辆发挥其效能,以及在设备维修学科的建设中起到了积极的作用。[①]

[①]郭艺丹.动车组检修设备管理系统研究[J].赤峰学院学报(自然科学版),2023,39(12):13-15.

随着科学技术的发展,产生了一种维修方式——视情维修(状态维修),这种维修也是一种预防式维修。其主要特点是:通过仪器诊断检测,在设备不解体的情况下来确定设备的技术状态,确定维修时机。

但是随着科学技术和维修实践本身的发展,以预防为主的维修思想受到了巨大冲击,也迫使维修行业不得不去寻求一种更加符合新的客观实际的科学而经济的维修途径。

3.以可靠性为中心的维修思想

以可靠性为中心的维修思想是以可靠性理论为基础的,其形成是以视情维修方式的扩大使用,以及逻辑分析决断法的诞生为标志的。

以可靠性为中心的维修就是以最低的费用实现机械设备固有的可靠性水平。换言之,即充分利用机械设备固有可靠性的维修方式,其基本要点如下。

第一,机械设备的固有可靠性是由设计制造决定的。因此,要提高其可靠性,必须从机械设备研制开始做起。维修的责任是控制影响设备可靠性下降的各种因素,以保持和恢复其固有可靠性。已定型但可靠性低的设备,必须通过改造才能改善其可靠性。

第二,以可靠性为中心的维修思想强调设备寿命的全过程管理简称寿命管理。产品设备的整个寿命全过程是指产品设备从市场调研、开发设计、研制、制造、选购、安装调试、使用、维修、改造更新与报废的整个过程。任何机械设备的问题既有先天性的又有后天性的。机械设备的可靠性与维修性是其固有的设计制造特性,是先天性的,与运用维修之间应建立一套完整的信息反馈管理系统。

第三,频繁地维修或维修不当会导致可靠性下降。所以要尽量少做那些不必要的过剩维修,要科学分析、有针对性地预防故障,使维修工作做得更有效、更经济。

根据对机件本身的可靠性分析,加以区别对待;对那些故障发生与工作时间的增长有密切关联且无法视情或监测的机件,采用定时维修方式;故障的发生能以参数标准进行状态检测并有视情条件的机件,采用视情维修或状态维修;故障的发生不危及安全,且通过连续监控可以在故障发生后再进行维修的机件,或有可靠性设计冗余度的设备及机件,采用事后维修。

综上所述,以可靠性为中心的维修思想不仅用于指导预防故障的技术范畴,同时也用于指导维修管理范畴。如确定维修方针、制订维修规程、选择维修方式、建立维修制度、改进维修体制、实施质量控制、组织备件供应、建立反馈系统等,这样就把机械设备维修的各个环节,连成一个维修系统,围绕着以可靠性为中心来开展各自的工作,从而互相制约、互相促进。

以可靠性为中心的维修思想目前在我国维修界还处于探索、消化和开始应用阶段。但是,确立以可靠性为中心的维修思想来指导维修实践,是人们对机械设备维修在认识上的一个发展,是掌握机械设备维修规律的科学途径,是维修思想的一种发展趋势。

4.用系统工程的观点研究维修工作与设备综合经营管理的思想

尝试用成熟的专业交通运输设备检修软件来实现动车组检修管理。整个系统按照以可靠性为中心的检修制度和全面生产管理的理念设计,建立以设备为核心的完整的检修数据模型和检修管控流程,实现动车组产品的全生命周期管理,覆盖动车组及大部件的构型、检修履历、修程修制、检修工艺、检修计划、检修执行、质检管理、故障管理等业务环节,为可靠性管理和全生命周期成本管理提供数据基础。

(二)维修方式

维修方式是实现维修思想的具体途径和手段,是对动车组维修时机的控制。目前的维修方式有3种:定期维修、视情维修和事后维修。

1.定期维修

定期维修又称时间预防维修方式,它是以使用时间或运行里程作为维修期限。只要设备使用到预先规定的时间,不管其技术状态如何,都要进行规定的维修工作,这是一种带有强制性的预防维修方式。

定期维修的依据是机件的磨损规律,长期以来的实践使我们认识到机件只要工作就必然磨损,磨损严重就会形成故障,进而会影响使用和安全。定期维修的关键问题是如何确定维修周期或维修的时机。

定期维修的实施是由计划修理周期、修理级别和检修范围以及有关的检修工作条例来保证的。动车组的修程和检修周期应根据其构造特点、运用条件、实际技术状态和一定时期的生产技术水平来确定,以保证动车组安全可靠地运用。

下面介绍定期维修的修程、检修周期、检修范围的概念。

(1)修程

修程是指动车组修理的级别。目前国内动车组分为一级检修、二级检修、三级检修、四级检修、五级检修。其中一、二级检修属于运用检修(日常维护性质),三、四、五级维修属于定期检修。

一级检修(例行检查):日常性检查,维护保养。通过对动车组主要部分进行外观、动作、状态及性能的检查,及时发现并消除故障,防止运营故障,保证行车安全。在运行整备状态下,完成耗损部件的更换、调整和补充等,同时对各部分的状态和性能进行检查,发现偶然发生的故障,在车辆使用的间隙进行维修作业。

二级检修(重点检查):以不落轮的状态进行设备的检查、调整,停止车辆的使用,进行维修作业。其基本任务是保证运营车辆具有良好的技术状态,尽量做到及时发现并消除潜在故障,防止运营事故,保证行车安全。进行动车组全面检查,保养维护,做故障诊断,按状态修理。检修范围主要针对车辆运营安全至关重要的部位,如走行部的转向架构架、轮对、齿轮箱悬挂装置、联轴器、制动系统的空气压缩机组、车门控制系统等。

三级检修(重要部件分解检修):对重要的大部件进行细致的分解检修,如转向架;对检查后发现故障的部件进行修理;对易损零件进行更换,因此需要把列车进行分解,然后架车检查和修理。

四级检修(系统全面分解检修):是恢复性的检修,对各系统进行解体检修,并且进行车体的涂漆。

五级检修(整车全面分解检修):对全车进行解体检查,较大范围地更新零部件,并且进行车体的涂漆,是恢复性的检修。全面进行检查,大范围(各部件、管系等)解体检修,最终全面恢复动车组的基本性能,使其检修后的技术状态接近于新造车的水平。

除上述五级检修外,还有动车组在运行过程中的检查;按相应检修周期,进行车轴超声波探伤、踏面修形、电气回路绝缘检测、牵引电机绝缘检测和车下电器过滤器类部件清扫除尘等专项检修。其任务是保证在运行中的动车组具有良好的技术状态,防止事故发生,以保证行车安全。

(2)检修周期

检修周期是指相同修程之间的间隔时间或使用期限,修程级别越高,检修周期越长。各级修程的周期,应由该修程不足以恢复其基本技术状态的动车组零部件,在两次修程间保证安全运行的最短期限确定。

(3)检修范围

动车组各级修程必须确定合理的检修范围,即检修涉及的零部件都有哪些。检修范围编制的依据有检修周期;各机组、部件的技术要求;质量变化规律、可靠性及使用运行区段的自然条件和水质情况。一般情况下,修程越大,范围越广。制定检修范围时还应做到:动车组在一个修程内不发生因范围不当而造成的机破、临修和超范围修;在完成规定的检修周期和保证动车组运用安全可靠的基础上,尽量减少"过剩"修理。表7-1所示为我国动车组修程检修范围。

表7-1 我国动车组修程检修范围

修程	部件、系统					
	转向架	牵引系统	制动系统	车钩装置	空调装置	编组形式
一级	外观检查	一般动作检查	外观检查	外观检查	性能检查	不解编
二级	外观检查,轮对超声波探测	运作性能检查	性能检查	外观检查	性能检查	不解编
三级	分解检修	齿轮箱、牵引链接分解检修	空气与基础制动组件检查	自动车钩分解检修	性能检查	解编
四级	分解检修	牵引电机分解检修	空气与基础制动组件检查	自动车钩分解检修	空调机组分解检修	解编
五级	分解检修	系统主要组成部件分解检修	系统组件、电气指令与控制元件分解检修	车钩全数分解检修	空调机组分解检修	解编

定期维修方式适用以下情况:故障机制带有明显的时间相关性;在设备使用期限内,机件出现预期的耗损故障期,这样可以依据其磨损规律,预测即将发生故障的时间,在此时期故障率将迅速增高;对于一些重要的机件很难检查和判断其技术状况时,定期维修方式是一种有效的办法。

定期维修方式的优点是容易掌握维修时间,维修计划、组织管理工作也较简单、明确,同时这种方式有较好地预防故障作用。我国动车组车辆还是主要采用这种方式,在保证正常、安全运行方面起到了积极作用。

其缺点是对磨损以外的其他故障模式,如疲劳、锈蚀以及机件材质或因使用维修条件等方面影响而造成的故障未能考虑在内。不能针对设备的实际技术状况进行维修,预防工作采用"一刀切"的大拆大卸方针,使拆卸次数增多,不利于充分发挥机件的固有可靠性,甚至导致故障的增加。因此,对于难以更换的部件,这种维修方式并不理想,因为结构越复杂,故障模式则越不能具有明显的时间相关性;另外,复杂机件,不管是更换还是修理,都很费时、费钱,这样的设备采用状态监测维修方式,效果会更好。

2.视情维修

视情维修又称为状态维修方式,这种维修方式是根据设备实际情况(技术状态)来确定维修时机。它不对机件规定固定的拆卸分解范围和维修期限,而是在检查、测试其技术状况的基础上确定各机件的最佳维修时机。

这种维修方式是靠不断定量分析监测机件的某些参数或性能的视情资料，决定维修时间和项目。视情资料指的是通过诊断或监测表征机件技术状态参数的资料。

视情维修适用于以下情况：①属于耗损故障的机件，而且有缓慢发展的特点（如磨损），能估计出量变到质变的时间。②能定出评价机件技术状态的标准，如极限状态的参数标准等。③视情维修对于那些机件故障会直接危及安全，而且有极限参数可以监测的机件才是有效的。④除眼睛观察及设备本身的测试装置外，还要有适当的监控或诊断手段。

显然，视情维修方式可以充分发挥机件的潜力，提高机件预防维修的有效性，减少维修工作量和人为差错。不过这种维修方式费用高，要求具备一定的诊断条件，哪些机件采用，哪些项目采用，都要根据实际需要和可能来决定。

3. 事后维修

事后维修方式也称故障维修，它不控制维修时期，是在机件发生故障之后，才进行修理。实践证明，有些机件即便产生了故障，也不会造成严重后果或影响安全，对这类机件和一些偶然故障，没有必要进行预防维修，可以在故障发生之后再加以修理或更换。这样，这些机件就可以得到充分利用，可以减少预防维修的范围和项目，避免这类机件因不必要的拆卸、检查、保养而不能继续使用，造成损失浪费。

事后维修适合以下情况：①机件发生故障，但不影响总体和系统的安全性。②故障属于偶然性的，故障规律不清楚，或者虽属耗损型故障但用事后维修方式更经济。另一方面，随着新技术在机械设备上的广泛应用，使维修对象的固有可靠性达到一定的程度，可靠性技术冗余度很大，故障密度很疏，出现故障的可能性很小，即使出现了故障也不致影响任务和安全，这时也可以采用事后维修。

维修方式的选择应该从发生故障后机械设备的安全性、经济性和有关技术政策法规来综合考虑进行选择。

由上述3种维修方式的特点可以看出，定期维修和视情维修均属于预防性的，可以预防渐进性故障的发生。事后维修则是非预防性的维修，多用在偶然故障或用预防维修不经济，不影响安全运用或具有可靠性冗余度的机件。定期维修的判据是按时间标准送修，视情维修是按实际状况标准，而事后维修则不控制维修时间。从这个意义上分析，上述3种维修方式本身并没有先进落后之分，各有一定的运用范围。然而应用是否恰当，则有优劣之分，不过维修方式的发展趋势,是从事后维修逐步走向定期的预防维修,再从定期的预防维修走向有计划地定期检查,并按检查的结果,安排近期的计划维修。对于动车组等重要的铁路技术装备,则随状态监测技术和故障诊断技术的发展,逐步走向视情维修。不过,在同一系统或设备上往往这3种维修方式可以根据具体情况综合选用。

(三)维修制度

维修制度是指在什么情况下对动车组进行维修及维修达到什么状态的技术规定。具体来说,就是在一定的维修思想指导下,制订出的一整套规定,包括维修计划、维修类别或等级、维修方式、维修组织、维修考核指标体系等。它直接关系到动车组的技术状态、可靠性、有效度、使用寿命和运行维修费用。

目前世界上维修理论和制度可分为两大体系:一个是在预防为主的维修思想指导下以磨损理论为基础的计划预防维修制;另一个是在以可靠性为中心的维修思想指导下,以故障统计理论为基础的预防维修制。两种制度在一定时期内将同时并存,计划预防维修制度适合于机械设备维修的宏观管理,而以可靠性为中心的维修较适合于机械设备维修的微观管理。

1.计划预防维修制度

计划预防维修制,是在掌握机械设备磨损和损伤规律的基础上,根据各种零件的磨损速度和使用极限,贯彻防重于治的原则,相应地组织保养和修理,以避免零件的过早磨损,防止或减少故障,延长使用寿命,从而能较好地发挥设备的使用效能和降低使用成本。

计划预防修理制度的具体实施可概括为定期检查、按时保养、计划修理。

实现计划预防修理制度,需要具备以下条件:①通过统计、测定、试验研究,确定总成、主要零部件的修理周期;②根据总成、主要零部件的修理周期,又考虑到基础零件的修理,合理地划分修理类别等级或修程;③制定一套相应的修理技术定额标准;④具备按职能分工、合理布局的修理基地。①②③是必不可少的条件,也只有具备了这些条件,计划预防修理制的贯彻才能取得实际的效果。所以说计划预防修理制的基础是一套定额标准,其核心是修理周期结构。

2.以可靠性为中心的维修制度

以可靠性为中心的维修制度是以可靠性理论为基础的,鉴于一些复杂设备,如动车组、飞机一般只有早期和偶然故障期,而不考虑耗损期。因为,定期维修对许多故障是无效的。现代机械设备的设计,只使少数项目的故障对安全有危害,因而应按各部分机件的功能、功能故障、故障原因和故障后果来确定需做的维修工作。20世纪60年代,美国联合航空公司提出了"逻辑分析决断法",对重要维修项目逐项分析其可靠性特点及发生功能性故障的影响来确定采用相应的维修方式。

实行以可靠性为中心的维修制度应具备的条件如下：①要有充分的可靠性试验数据、资料作为判别机件状态的依据；②要求产品设计制造部门和维修部门密切配合，制订产品的维修大纲、维修指导书等；③要具备必要的检测手段、仪器设备和标准，其核心是以状态监测和故障诊断为基础。

（四）我国动车组采用的维修制度

目前我国铁路动车组采用的是计划预防维修制度。动车组实行计划性的预防检修，检修分为5个等级，一级和二级检修为运用检修（维护），三级、四级、五级检修为定期检修。运用检修在动车运用所内进行，定期检修在动车段内进行。

车辆维修采用预防性检修和事后检修，主要为预防性检修。具体框架如图7-1所示。

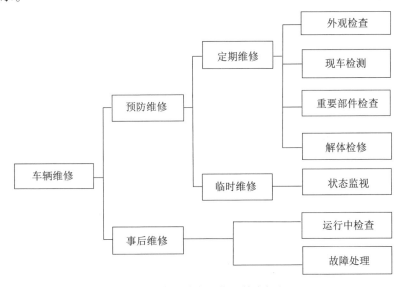

图7-1 我国动车组修制基本框架

二、制订检修周期的基本方法

确定各种修程的检修周期是关系到动车组能否处于良好技术状态的主要因素。零部件使用期限是制订检修周期的主要依据。

（一）确定动车组极限技术状态的依据

动车组在运行过程中，其技术状态随着走行公里数的增加而逐渐变差，继而达不到预定的工作性能，就认为动车组产生了故障。当故障已严重地影响了动车组的正常运行,而必须对其进行修理才能够使动车组恢复运行时,此时动车组的技术状况,即动车组极限技术状态。

动车组极限技术状态,可综合下面各种情况进行确定:动力性能下降,在各工况下动车组发出的功率偏差较大;经济性能下降,传动效率低;运行可靠性下降,零件断裂、连接松动、振动增强、电气动作失误等发生的频率高,需经常进行临修。

(二)零件的使用期限

我们知道,动车组故障产生的原因是零件发生了损伤。制订具体的检修制度时,必须知道零件发生了不能再继续使用的极限损伤及从开始使用到发生了极限损伤的期限。下面讲述零件使用期限的确定等内容。

零件在使用过程中,随着工作时间的增加,不可避免地产生各种损伤,使配合关系遭到破坏,工作效率降低,最终导致工作失效,不得不进行修理。零件从投入使用,直到因各种极限损伤而必须修理的全部时间称作零件的使用期限。通过修理,零件恢复或基本恢复了使用要求,又可投入工作,直到下一个使用期限。零件从投入使用,中间经过若干个使用期限,直到不能修复或不值得修理的全部时间,称作零件的使用寿命。到了这个时候,零件即应做报废处理。工作中零部件配合关系的好坏,取决于配合件中任何一个组成零件的质量。当组成零件中任何一个零件出现极限损伤,应进行修理或更换时,该配合达到使用寿命。组成零件中其他零件如没有出现极限损伤一般情况下仍可继续使用。所以,配合的使用寿命不能等同于零件的使用寿命。配合从投入使用,直到配合件中任一组成零件达到使用期限或使用寿命时,该配合无法再按技术要求进行工作的全部时间,称作配合的使用寿命。

(三)确定使用期限与使用寿命的依据

零件或配合件的使用期限取决于零件或配合件的极限损伤情况。对于某个零件来讲,它的极限损伤,可能是极限磨损量,也可能是极限腐蚀深度。此外,诸如机械损伤、疲劳、裂纹等而使零件必须进行修理的各种损伤,都可能成为该零件的极限损伤。对于某一配合而言,它的极限间隙就是极限损伤。通常认为有下述4种情况之一,则零件达到使用期限或配合达到使用寿命。

1.零件损伤程度在短时间内将要急剧发展

零件或者配合的工作条件不同,所受主要损伤也不同,不管是哪种损伤,当发现在短时间内该种损伤的程度发展急剧,且明显影响其工作质量时,该零件或配合就可以认为达到了使用期限或使用寿命。

损伤急剧发展的表现也是多方面的,这里仅以轴承的配合来说明。轴承在工作中因种种原因,磨损总是难以避免的,磨损后,配合间隙会逐渐增大,当配合间隙增大到一定限度后,会出现噪声、振动加大、轴承温度提高。由于配合间隙的增大使冲击功迅速增大,冲击功增至极限值时,冲击载荷促使润滑油过热,使磨损加剧。另外,振动扩大后也会影响到其他机件的正常工作。由此可判断,当极限冲击功值出现时,其相应的配合间隙应为极限配合间隙。通过测其配合间隙即可确定该配合的使用寿命。

2. 出现零件工作能力过分消减或丧失的状况

零件的工作能力主要是指零件本身在强度、刚度和其他机械性能上达到要求的能力。设计时应根据零件的材质、工作条件、机加工水平或者适当的表面处理来满足使用要求。但是经过使用和多次维修后,零件从多方面都降低了工作能力,而不能再满足使用要求,如轴颈变细、弹簧弹力下降等。零件工作能力的消减,会直接影响其配合件的工作,如电气动作不及时等。因此在检修过程中,对每个零件的基本尺寸都会按照不同的修程规定相对应的尺寸限度要求,可根据测量结果判定其使用期限是否已到。

3. 根据经济指标来确定

动车组运用根据某些工作介质消耗量(如润滑油)、维护检修费用、易耗件消耗量的增加情况来确定。从日积月累的数字上可以看出动车组整体质量的优劣及变化。如果损失增大到经济上不合算的程度,即使零件还没完全丧失工作能力,也不能再继续使用。

4. 根据工作质量、工作安全性来确定

机件工作不平稳、电气误动作、动车组振动增加等,均说明动车组工作质量下降,有些质量问题直接影响到动车组的安全运行。如车轮踏面及轮缘的不均匀磨损,会破坏和钢轨的耦合,根据磨损规律,轮缘部分越磨越尖,踏面也会失去原有型面,在高速运行时,可能掉轨,甚至在过道岔时会将道岔挤坏,发生严重事故。所以从安全与质量的多重因素考虑,当踏面磨损到一定限度时,必须进行检修,以保证轮缘、踏面的形状正确。因此,当某些零部件因损伤而危及运行安全时,可判定该损伤已到极限,应进行维修或更换。

(四)确定使用期限的方法

通常确定配件或零件使用期限的方法有以下4种。

1. 调查统计法

调查统计法是根据动车组长期运用所积累的经验和实践资料加以整理、加工,用数学统计方法总结出零件和配合的损伤规律,以此确定其使用极限的方法。这种方法的特点是需要积累大量的材料才能得到比较可靠的结果。

2. 运用试验法

运用试验法是指动车组在正常运用条件下,对某些零件和配合做长期的系统观察和测量,根据观察和测量的结果,并经分析和研究,从而确定零件和配合的使用期限的方法。这种方法的特点是结果具有很高的可靠性,但试验时间较长。

3. 实验室研究法

实验室研究法是在实验室的条件下,对零件和配合进行模拟实验和研究,以总结其损伤规律,并确定其使用期限的方法。这种方法的特点是花费时间少,但由于对零件和配合的工作条件被理想化了,试验结果与实际情况往往不相符。

4. 计算分析法

计算分析法是在运用条件下,将影响零件损伤规律的各种因素之间的关系用公式表示出来,通过计算分析来确定其使用期限的方法。这种方法的特点是由于各种因素的影响,在计算公式中不能完全反映,计算可靠性不易保证。

总之,上述4种方法各有优缺点,但它们不是相互排斥,而是相互补充的,在实际工作中,往往是综合使用的。

(五)零件使用寿命的确定

零件的使用寿命与配合的使用寿命是两个不同的概念。有些情况下,零件与配合的使用寿命相符合;多数情况下,零件的使用寿命要比它所组成的配合使用寿命长得多。零件的使用寿命取决于它自己的强度、刚度等所允许的尺寸限度的极限值。

第三节 动车组检修限度

动车组检修限度是指动车组在检查与修理时,对零部件允许存在的损伤程度的规定限度,如车轮这个零件,一级检修完成时,踏面擦伤深度要≤0.5mm,这是对动车组该项目一级检修出口质量的规定。它是一种极为重要的动车组规章制度。动车组检修限度制定的合理与否,不仅直接影响车辆的技术状态和行车安全,而且影响车辆的检修成本、经济效果和检修周期。因此合理地制定检修限度标准,对完成铁路运输任务有着重要意义。

由于影响动车组零部件的损伤和使用期限的因素十分复杂,用理论计算的方法,往往不能充分反映客观实际条件的各种影响。因此,通常是对零部件在理论上和实际运用情况进行全面调查、分析来确定动车组检修限度。在动车组检修限度中,动车组零件的损伤程度多以尺寸的变化来表示,因此检修限度大部分是尺寸限度,即通过对零件某些尺寸的限制,以控制其损伤程度,作为检修要求的依据。同时与动车组检修制度相适应,动车组检修限度分类如下。

原形尺寸:各零件的原形尺寸及配合原始间隙是指动车组各零部件的设计尺寸和制造允许公差,组装时的允许间隙。

禁止使用限度:动车组各零部件的尺寸及配合间隙,超过此限度时,不经修理或更换不允许再继续使用。

五级限度:五级检修是动车组的最大修程。它是指动车组在此修程时,有关零部件的尺寸(或配合)不允许超过的界限,超过则须予以修理或更换。在此修程时,原则上将各尺寸恢复到原形尺寸。

四级限度:指动车组进行四级修程时,有关零部件的尺寸(或配合)不允许超过的界限,超过则须予以修理或更换。

三级限度:指动车组进行此修程时,有关零部件的尺寸(或配合)不允许超过的界限,超过则须予以修理或更换。

一、二级限度:指动车组进行一级和二级修程时,有关零部件的尺寸(或配合)不允许超过的界限,超过则须予以修理或更换。[1]

其中四级、三级、二级、一级检修限度称为中间检修限度。

确定中间检修限度的基本原则:当零件或配合的磨损损伤程度在这个限度内时,磨损表面尚有足够的磨损余量来保证继续安全使用到下一个规定修程。

第四节 动车组维修组织

高速动车组大量采用高新技术、新设备、新材料,造价十分昂贵,因此动车组应该保持较高的利用率。必须制定合理的整备、维修方式和合理的修程,提高整

---

①王艳爽,杨涛. 关于动车组运用检修限度表的研究[J]. 铁道车辆,2021,59(02):119-122.

备、维修的效率,减少高速列车的非运用时间。

一、维修基地

(一)维修基地设置原则

整备、维修基地设置数量和设置地点要充分考虑高速铁路客流特点、高速站的分布情况、铁路周围环境条件以及与其相关的既有铁路的情况而确定。主要考虑如下因素:①从始发到终点旅客的输送量;②列车空车回送比较少,动车组利用率高的地方;③离车站比较近的地方;④维修基地所需人员容易得到保证的地方。

所考虑的这些因素主要是为了提高动车组的运用效率,再者也要充分考虑建设用地因素。

(二)维修基地种类

按照优势设备相对集中的原则,维修基地功能应该有所不同,为此,借鉴国外经验我国分为动车段和动车运用所。

动车段:担负动车组的所有定期维修作业和日常整备、维修和临时性的维修工作。检修基地功能先进,设备齐全,维修能力大。

动车运用所:主要负责动车组的日常整备和日常维修工作,以及其他临时性的维修工作,并有动车组存放能力。

动车段和运用所均为维修基地。动车组的夜间驻留、动车组乘务员的管理等相关业务,由对应的维修基地管理。

二、检修作业方式

动车组检修时有一个非常重要的目标就是在确保其检修质量的前提下,提高检修的作业效率,最大限度地压缩检修停时,以提高动车组的使用效率和效益。为此采取以下作业方式。

换件修:无论低级修程,还是中、高级修程,对在检修中出现故障的零部件,采取更换同样零部件的方式进行维修。拆下的部件可送到制造工厂或其设立的派出机构进行检修,修竣后经过检验继续装车使用。

集中修:动车组的定期检修都集中安排在检修基地进行,运用所仅承担日常的例行检查和部分临修作业。动车组的大部件或关键部件的检修,集中在动车段或相应的检修工厂进行。

状态修:动车组一些设备采用状态修方式,如旅客服务性设施,随检随修,始终保持其技术状态良好。对于部分设备或部件,按照使用寿命的界定,在不能适应使用要求的情况下,在其发生故障前予以更换。

均衡修:为减少大修检修停时,通过换件的方式将部分部件安排在运用过程中或其他较低级修程中进行,减少大修时的工作量,尽可能压缩动车组的在修时间。[1]

三、动车组检修生产组织

动车组检修生产过程是从技术准备到修竣动车组的全过程。生产过程需要进行合理的组织,对修车过程的人员、工具、检修对象、工序等进行合理安排使其形成一个协调的系统,目标是优质、高效、低费用地检修动车组。

(一)动车组检修过程

基本生产过程:它是动车组检修的主体工作,即车辆零部件的分解、检测、修复、组装等工序构成的工作过程。

生产技术准备过程:这是产品生产前所进行的全部生产技术准备工作过程。对动车组检修,主要包括工艺路线(过程)设计、工艺规程等工艺文件的制订、工艺装备的配置、材料消耗定额和工时消耗定额的制定等。

辅助生产过程:它是指为保证基本生产过程正常进行所从事的各种辅助生产过程,以及车辆检修前的调车作业等。

生产服务过程:它是指为基本生产、辅助生产服务的工作过程,如材料、备品工具、运输等。

(二)动车组检修组织架构设计

1.主要职能部门的设计

动车组检修是较大规模的集体劳动,既要有科学的劳动分工,也要有严密的组织协调。组织设计的目的就是从检修生产的实际要求出发,科学合理地组织和安排劳动者进行有效的劳动,充分发挥其积极性和创造性,不断提高劳动生产率,以最小劳动消耗取得最大的经济效益,同时正确处理检修人员和检修对象的关系,组织好对检修生产的服务和供应工作,从时间、空间上保证检修生产活动连续、协调、有节奏地进行,另外,根据生产发展的需要,不断调整组织,采用先进合理的劳动组织形式,提高劳动生产率。

由于动车组检修包括生产技术准备、基本生产、辅助生产和生产服务4个过程,为实现这些过程,需要分别建立相应的部门。每个部门又根据业务流程的需

---

①黄小刚.动车设备及综合维修工程[M].武汉:湖北科学技术出版社,2015:24-28.

要,可建立生产车间,生产车间又可分为若干工段或班组。

生产技术准备部门:这是为基本生产过程进行技术准备的工作部门、综合室、技术室。技术室主要负责动车组检修工艺设计及其他技术支援、技术服务。技术室可按专业分工,如电机工程师、转向架工程师、控制系统工程师等,综合室可设计划统计工程师、成本核算和备品备件管理技术人员。

基本生产部门:这是直接实现动车组检修过程的生产部门,负责动车组各级修程的检修工作。如检修车间,在车间内部又设置若干班组及生产调度部门。

辅助生产部门:它是对动车组检修设备、厂房进行检修,加工自制配件,为基本生产过程提供工程服务的部门,如设备车间。

生产服务部门:它是为基本生产和辅助生产提供服务的部门,如培训中心、运输车队、材料仓库、标准计量室、油水化验室等。

上述部门构成了铁路机务段的检修组织结构。在确定各部门结构时,要考虑动车组检修的规模和特点,以及生产专业化水平与委外协作关系,随着经济发展和技术进步,不断重组业务流程和进行组织架构的调整。

2.基本生产部门架构设计

动车组检修组织设计主要围绕基本生产过程进行安排,而检修生产班组是完成基本生产过程的最基层单位,是动车组检修生产行政分级管理的最基层的管理组织。科学合理地组建生产班组对提高动车组检修质量和检修效率具有决定性的意义。

生产班组的组建原则和形式如下。

(1)工艺专业化原则

工艺专业化原则就是由工艺相同的工序或工艺阶段组建生产班组。在这种生产单位内集中了同类型的设备,同工种的工人,用相同的工艺方法对不同类型产品进行加工或修理。

按工艺专业化原则组建班组,由于同工种工人集中,有利于技术的交流,提高检修技术水平。同类设备集中,可减少设备数量,便于安排生产任务。但缺点是动车组零部件种类繁多,各部件的修理在不同生产班组内进行,使零部件流动运输路程增加,检修单位之间联系复杂,增加了管理的难度。

对于工艺过程较为复杂、品种多、数量小的生产过程,适宜采用工艺专业化原则组建生产班组。

动车组的三、四、五级检修,宜采用工艺化原则组建生产班组,如转向架检修组、电机检修组、电器检修组等。

(2)对象专业化原则

对象专业化原则就是把产品按大部分工艺过程集中起来,组建一个生产班组,在生产班组内,工人种类不同,使用设备不同,工艺方法不同,但加工对象相同。这种生产单位的优点是内部联系简单,便于管理。缺点是设备故障或人员缺勤时会造成生产中断。

(3)综合原则

综合原则又分两种,一种是在对象专业化车间或工段内,按工艺原则组织班组。若一个车间负责生产几种产品,这些产品机构、工艺相似,加工方法和顺序大致相同,则可以将加工工艺相同的设备集中在一个班组。另一种是在工艺专业化车间内,按对象专业化的原则建立班组,每个班组只完成同一产品加工。

(4)生产组织分工与协作

组建生产部门和生产班组主要考虑的是分工要求。分工越细,责任越明确,有利于建立岗位责任制。但分工太细,会造成工人负荷不均,降低劳动生产率。因此,在检修组织设计时各生产车间和生产班组又不宜分得太细,在分工的前提下加强各车间和班组协作,实行合理的分工与密切的协作对于提高检修效率、减少动车组检修停车时间,具有重要意义。

(三)检修生产控制

检修生产控制就是使动车组检修活动能按预定计划实施,使其达到预定目标的管理活动。动车组检修管理的目标是高质量、高效率、低成本,生产控制的目的在于使检修实施过程符合上述目标,这就要求在检修作业实施各个阶段,进行有效安排,并及时监督、检查,发现偏差,及时采取措施进行纠偏,以保证计划的实现。

检修生产控制涉及检修生产过程的人、财、物的管理,因此,又分为生产作业控制、成本控制、质量控制、安全控制等。动车组检修生产作业控制是动车组检修生产控制的重要部分,是实现动车组检修任务顺利完成,保证运营用车充足的管理核心内容。

实现动车组检修生产作业有效控制应抓好生产调度和生产进度两个环节。

第五节 动车组电气装置检修

动车组牵引传动系统主要由受电弓、牵引变压器、牵引变流器及牵引电机等组成。受电弓通过接触网接入单相25kV的高压交流电,传送给牵引变压器,降压成1500V的单向交流电,然后牵引电动机产生转矩驱动轮对,产生机车牵引力。本节主要讲授动车组有关高压电器及牵引变压器、牵引变流器的检修工艺。

一、受电弓检修

受电弓是电力机车、电动车辆从接触网接触导线上受取电流的一种受流装置。DSA250单臂受电弓升弓装置安装在底架上,通过钢丝绳作用于下臂。下臂、上臂和弓头由较轻的铝合金材料构成。

(一)DSA250单臂受电弓的维护

1.DSA250单臂受电弓的检查

使用前,在降弓位置检查钢丝绳的松紧程度,两侧张紧程度应一致。清理阀板上的过滤器,拧开滤清器的外罩,清理尘埃和水。

(1)间隔4周的维修内容

目测整个受电弓。若存在损坏的绝缘子,破损的软连接线,损坏的滑动轴承和变形的部件都应更换。若磨耗部件超过其磨损极限,也应当及时更换。清洁车顶与受电弓之间的绝缘管,可用中性清洁剂,不得使用带油棉纱。每天用干棉纱擦拭,防止灰尘吸附,导致一次短路。

(2)间隔6个月的维修内容

整个受电弓性能检测,目测软连接线,用卡尺测量滑板厚度,若磨损到限则应更换。

(3)间隔1年的维修内容

紧固件的检测,尤其是整个弓头弹性系统的零部件。如果需要拧紧螺母,应注意保证相应的扭矩。

2.DSA250单臂受电弓的润滑

润滑滚动轴承是为了提高其使用寿命。在最初安装时,两年一次的维修期或常规维修时油杯应注意密封以防尘土和水。滑动轴承可自动润滑,保养方便。

3.DSA250单臂受电弓的清理

阀板上的过滤器应1~2周清理一次。

4.DSA250单臂受电弓滑板的更换

出现下列情况时,必须更换滑板:①炭条磨耗后高度小于5mm,滑板总高度≤22mm;②由于产生电弧,发生变形或缺陷;③滑板碎裂或出现一定深度的凹槽。

如果仅需更换一个滑板,新滑板与另一个旧滑板的高度差应不超过3mm。

特别注意:安装滑板压缩空气进气接口时,套紧螺母的拧紧力矩不大于3N·m,用手旋入或小型扭力扳手即可。

5.调试更换阻尼器

阻尼器在安装受电弓前必须经过调试。如果受电弓实际动作特性与额定值之间有较大差别,有必要检查阻尼器的安装情况。磨损、动作不灵活、漏油时,须更换阻尼器。具体操作如下:先把阻尼器拉伸、压缩5次,长座为54mm,落弓位置的安装长度为(480±1.5)mm。

6.检查升弓装置

建议每4~6周在落弓位置检查一次钢丝绳的松紧。如钢丝绳已松,则需要把钢丝绳拉紧,但两螺母拧紧量要相同,避免升弓装置松弛(在落弓位置)。

7.DSA250受电弓辅助用油脂

受电弓辅助用油脂见表7-2。

表7-2 受电弓辅助用油脂

名称	用途
螺纹润滑剂	用于螺铰连接处,用于改善摩擦
导电接触脂	用于所有受流表面,如滑板安装座表面,软连线接线端子表面
螺纹密封胶	用于所有管螺纹及阀门接头的密封
壳牌润滑脂	用于下臂内轴承,下导杆杆端轴承和升弓装置销轴的润滑

(二)DSA250单臂受电弓的检修

动车组高级修程中受电弓须解体检修,在此以四级检修为例叙述。

总体要求:分解、清洁受电弓,更换全部安装紧固件。检修过程如下。

1.滑板检查

当滑板出现下列情况之一时须更换:①滑板碳条剩余高度不足6mm,滑板总厚度<23mm;滑板断裂;②裂缝导致滑板漏气,受电弓无法正常升起(ADD紧急降弓装置作用);③纵向贯穿性裂纹;④接头或接缝处漏气;⑤边缘掉块和有裂缝者沿宽度方向超过1/3;⑥铝托架严重烧损(面积接近1/2);⑦滑板受冲撞后扭曲变形导致漏气。

滑板更换时两个滑板高度差不得大于3mm。

2. 阀板检查

安装牢固,目测和听觉检查阀板的气密性良好,压力表指示压缩空气接通。受电弓从最高位降到最低位时,减压阀排气正常。

清洁过滤器。

压力表须校验合格。

3. 受电弓检查

紧固螺丝、连接螺栓及弓头组装上的弹簧不得有松动现象。

用温水或温水加中性洗涤用品对绝缘子擦拭干净,勿用尖利物品刮刺或在硅橡胶表面用力摩擦。

阻尼器磨损、动作不灵活、漏油时须更换。

弓头支架等零件无变形、脱落、裂纹等现象。

轴承及升弓装置销轴保持润滑,转动灵活,状态良好。

底架橡胶堆无老化、变形。

升弓装置气囊无裂纹、破损现象。

钢丝绳无断股,在降弓位置两侧钢丝绳的张紧程度须一致。

各部软连接线无破损,连接螺母紧固,接触良好。

PU-4气管、橡胶气管安装良好,无破损、漏气。

4. 受电弓试验

静态压力试验:至少在距离绝缘子下表面900、1200、1600、2000mm高度下,测试其静态压力。向下运动时,力的最大值不超过95N,向上运动时,力的最小值不小于65N。通过调节车内阀板上的调压阀(DM3)调节接触压力,调节压力前应先松开防松螺母,顺时针旋转调节螺母,气压会减小,接触压力也会减小。逆时针旋转调节螺母时,接触压力会增加。

升降弓时间试验:调定后的时间应满足:升弓时间不大于5.4s,且不允许受电弓有任何回跳;降弓时间不大于4.5s,且不允许有引起损坏的冲击。实际测量值与规定值有偏差时,应重新调整升弓、降弓节流阀。

气密性:断开控制阀板与气囊驱动装置相连管路,将受电弓进气口与3L的储气缸相连,通以400kPa的压缩空气,关闭进气,10min后,气压下降应不大于20kPa。

自动降弓装置(ADD)特性:在更换滑板时,检验自动降弓装置(ADD)性能。将受电弓升起0.4～0.5m,打开试验阀,受电弓应迅速降下。[①]

二、真空断路器的检修

25kV电网高压首先由受电弓引入动车组,然后经过故障隔离开关接入到高压机器箱,高压机器箱内有避雷器、真空断路器VCB、接地端子。真空断路器VCB是动车组的总开关,起到接通与断开25kV电网进入车内通路的作用,同时还是动车组的电气总保护。

真空断路器检修过程有入检、拆卸、洗净、吹净、零件检修、组装、测试、试验等工序。

(一)作业流程

真空断路器VCB检修作业流程如图7-2所示。

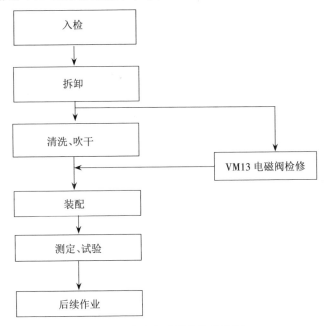

图7-2 真空断路器检修流程图

---

①王连森,林桂清.动车组维护与检修[M].第3版.成都:西南交通大学出版社,2022:220-224.

(二)作业顺序

1.入检作业

取下外罩。使用工具:棘爪扳手、十字螺丝刀。取下正面罩,取下断路器罩。

压力空气清洗。使用机器:吹净装置。

检查各部分外观。使用工具:棘爪扳手。

无损伤,变形,松动。

2.拆卸作业

使用工具:棘爪扳手,双头扳手,锤子,扳手。

拆卸断路器。将闭合手柄闭合,取出支架部的可动支持器和真空阀的可动轴连接器销子,把绝缘管和支架部断开。将闭合手柄闭合,拔出销子,防止意外断开,先要将木楔塞进中间支架部后方可进行。在操作装置侧拔出绝缘操作杆和连接销子,在绝缘管部侧,拆下端子,按顺序旋松阀安装螺丝和端盖,断开绝缘管侧和支架部分、拆卸导轨和弹簧。

拆卸绝缘管部分。拆下端盘,拔出真空阀,按集流环台、安装用金属件、集流环、压缩弹簧、轴承的顺序拆卸。从支持绝缘子处拆下支架。

拆卸中间支架部分。从中间支架上拆下绝缘操作杆,再拆下压缩弹簧。按控制杆、可动支架、连杆、操作杆的顺序拆下各销子。

拆卸操作机构部分。拔出减振器及平衡弹簧的销子,拆下辅助开关,分离连线,从空气室里拆出配管,从箱体上拆下操作机构部分,从空气室里拆出增压阀,拆下电磁阀。

分解操作机构部分。从操作支架上拆下配管,再拆下闭合气缸,闭合活塞,压缩弹簧。从闭合气缸上拆下安装板、导杆组合、缓冲垫、挡板。从操作支架上拆下断开部分,再拆卸断开部配管、O形环、断开部活塞、压缩弹簧。拔出销子,拆卸快速断开弹簧。拆下支承环、垫圈、复位弹簧、滚柱组合联杆。从操作支架上拆下连杆、复位弹簧。增压阀应按上阀、杆、盖子、O形环、弹簧导杆、弹簧、下阀的顺序拆卸。减振器按盖子、活塞、气缸的顺序拆卸。

3.清洗、吹净作业

使用工具:刷子、吸尘器。

清扫主体。

部件的清洗,进行吹净。真空阀、绝缘管部用棉丝清扫。

4.零件检验工作

真空阀。测量真空阀的真空度。使用机器:真空度试验机。

绝缘管,支持绝缘子。绝缘管内无水分及异物混入,内部及外部无损伤,绝缘子无裂痕、损坏、变色。

支架。确认压缩阀弹簧上无裂痕和折损等,确认可动支持器无卷边。

连杆部分。轻轻转动各销子,确认无松动,各滑动部分涂上薄薄的润滑脂。

辅助开关。触头无磨损和损坏,断路、闭路状态下,固定触头的消除量要稳定。

缓冲器。活塞、气缸无伤痕。活塞、气缸上涂上润滑脂。

闭合气缸。活塞、气缸无裂纹,压缩弹簧无裂纹。活塞、气缸上涂上润滑脂。

增压阀。连杆、气缸无裂纹。气缸和连杆涂上薄薄的润滑脂。

主体箱。进一步上紧箱子内部及外部的安装螺栓。航空插头的针销应无折弯。主体箱内外的配线不应有伤痕。

5.组装作业

断路部支架各滑动部及各销子上涂润滑脂。操作杆和连杆上安装上销子,在控制杆,可动支持部上安装销子,将组装完毕的断路部放置在支架上插入销子,在支架上安装压缩弹簧;在操作杆,绝缘操作杆上插入销子,将支架部用螺栓紧固到支持绝缘子上,在支架部的可动支撑内部涂上油,放入封闭引导弹簧。

断路部分(绝缘管)。紧固集流环后,用压缩弹簧固定到集流环台上,再将集流环台安装到绝缘管上。将真空管装到绝缘管上,放入调节板,用螺栓紧固盖子,再安装真空阀,将组装好的绝缘管用螺栓紧固到支架上。安装时不可弄错MTR侧和输入侧,在绝缘管MTR侧,输入侧安装端子。

操作装置部分(断开部)。在断开部气缸上安装压缩弹簧、活塞、配管。

操作装置部分(增压阀)。在阀体上安装下阀、压缩弹簧、缓冲垫、导杆、O形环盖。

操作装置部分(缓冲器)。在缓冲器气缸上装活塞、盖子。

操作装置(闭合气缸)。安装垫板、缓冲垫、导杆、安装板。

操作装置部(各连杆组装)。在支架连杆上安装垫圈、复位弹簧、销子。

操作装置部分(支架)。在旋转轴组合滑动部分涂润滑脂,加固支架的各个安装螺栓,安装复位弹簧,在支架上装闭合气缸组合,在支架上装断开部分,在闭合气缸上装压缩弹簧、活塞,然后安装闭合配管,将弹簧装到支架上,在控制杆上装入销子。

操作装置部分。在主体空气室安装放大阀,安装电磁阀,安装减振器。将组装好的操作装置部分装到主体箱子里,在减振器活塞和控制杆上插入销子。将闭合配管用螺栓紧固到增压阀上,将断开部配管用螺栓紧固在空气室,进行辅助开关的接线连接。

6.测定、试验

绝缘电阻测试。使用机器500V,1000V兆欧表。高压—大地间用1000V兆欧表测试0.5MΩ以上;极间输入用1000V兆欧表测试,0.5MΩ以上;极间MT用1000V兆欧表测试,0.5MΩ以上;低压—大地间用500V兆欧表测试,0.3MΩ以上。

绝缘耐压测试。使用机器:耐压试验机。高压—大地间AC50kV耐压1min。极间输入AC50kV耐压1min;极间MTAC50kV耐压1min;低压—大地间AC1kV耐压1min。

确认漏气。使用工具:刷子、肥皂水。使用机器:真空断路器试验设备。加压880kPa,1min内降低10kPa以下。

开闭动作试验。使用机器:真空断路器试验机。气压880kPa,电压60V工作;气压780kPa,电压100V工作;气压630kPa,电压100V工作。

开闭性能试验。使用机器:计算器、真空断路器试验机。在气压780kPa,电压100V闭合,时间在0.15s以下;在气压780kPa,电压100V断开,时间在0.08s以下。

加热器的发热确认。

7.后续作业

安装盖子。使用工具:棘爪扳手、十字螺丝刀。

三、牵引变压器的检修

(一)牵引变压器的主要结构及技术规格

CRH$_2$型动车组设2台牵引变压器(ATM9型),分别布置在2号和6号车下。牵引变压器采用壳式结构,车体下吊挂,有循环强迫风冷方式。牵引变压器设置一个原边绕组(25kV,3060kV·A),两个牵引绕组(1500V,2×1285kV·A)和一个辅助绕组(400V,490kV·A)。

牵引变压器额定电流参数:一次绕组:122A;二次绕组:857×2A;三次绕组:1225A。

牵引变压器绝缘等级,试验电压:一次绕组感应电耐压42kV×10min;一次绕组耐雷冲击电压全波150kV,截波170kV。温度上升限度:绕组125K(电阻法);油80K(温度计法)。

在网压变化范围内,牵引变压器输出电压、电流及功率满足列车牵引和再生制动要求。

(二)牵引变压器检修

1. 检修方式

在 CRH$_2$ 型动车组高级修中,检修方式有以下方式。

"状态检修"为该件在安装位置状态下检修;有的需要从基础上整体拆下,进行不解体检修。

"分解检修"为该件须从上级部件分解下来,并且进行自身解体检修。

2. 检修工艺流程

(1)检修工艺流程图

牵引变压器检修工艺流程如图7-3所示。

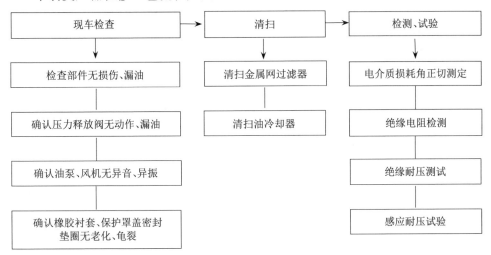

图7-3 牵引变压器检修工艺流程

该装置的检修主要以清扫为主,若发现紧固件松动,应立即紧固,若发现元器件异常,则必须更换。该装置专业化程度较高,一旦出现故障或需要大修时,应立即送往专业制造厂。

(2)一般注意事项

为防范安全事件发生,检查前必须对相关项目进行安全确认。对通电部位进行检查时,必须切断电路,接地并将残余电荷放尽。

3. 作业过程

作业过程包括检查和试验项目、金属网过滤器的清扫方法、油冷却器的清扫、主要零部件更换周期、主要故障处理。

(1)检查和试验项目

外观检查(现车检查)。确认有无部件的损伤、漏油。若发现异常,应立即修理损伤和漏油部位。

确认压力释放阀有无动作的痕迹、有无漏油,有动作时应调查动作原因并处理。

在油泵、送风机转动的状态下,确认有无异常声音、异常振动,当有异音或振动时,可用听音棒查找发生源,并与其他变压器比较。若出现异音或振动,可考虑是由紧固件松动、轴承损伤等因素引起,需进行处理。

电动送风机的金属过滤网及调风栅的尘埃附着状况及清扫。2~3次月检应清扫一次。此外,温度继电器动作时也应清扫。

检查冷却器的滤孔堵塞及清扫。以冷却器入风口前面面积的10%~20%为基准。每次月检时均需通过冷却器的清扫(检查)窗来检查滤孔的堵塞情况。大修时必须实施清扫。此外,温度继电器动作时也应清扫。

橡胶绝缘套管、保护罩盖垫片等无老化和龟裂,否则应更换。

感应电正接测定。用反向西林电桥测定。1次侧—2次侧/3次侧/大地间;2次侧—1次侧/3次侧/大地间;3次侧—1次侧/2次侧/大地间。同时记录油温。若超过1%时则须注意,但更重要的是要积聚数据并观察其推移。结合绝缘阻抗进行研究。当怀疑绝缘劣化时,则需进行油分析等的详细调查。

绝缘阻抗测定。主电电路以1000V兆欧表、辅助转机及继电器电路以500V兆欧表进行测定。须满足以下要求:1次侧—大地间绝缘阻抗>25MQ;2次侧—大地间绝缘阻抗>0.5MQ;3次侧—大地间绝缘阻抗>0.3MQ;1次侧—2次侧间绝缘阻抗>25MQ;1次侧—3次侧间绝缘阻抗>25MQ;2次侧—3次侧间绝缘阻抗>0.5MQ;辅助电机、继电器电路—大地间>0.3MQ。同时记录油温、湿度。检查绝缘套管、端子板、端子台、配线有无污损、打火。当怀疑变压器内部有异常时,须进行油分析等的详细调查分析。

绝缘耐压试验。绝缘耐压试验应满足以下要求:1次侧—2次侧/3次侧/大地间:2500V×1min;2次侧—大地间:5400×1min;3次侧—大地间:2900×1min;泵电路—大地间:1000×1min。绝缘不得破坏。如果绝缘遭到破坏,则必须调换变压器。同时,应调查原因、制定对策。

感应电耐压试验。将1次绕组接地侧(V)端子接地后从2次绕组外加电压,使1次绕组牵引侧端感应出如下的电压:

150Hz的场合为38kV×7min 或者42kV×3min;

200Hz的场合为38kV×5min或者42kV×2.5min。

绝缘不得破坏。如果绝缘遭到破坏,则必须调换变压器。同时,应调查原因、制定对策。

绝缘油耐压试验和油分析。耐压试验按照JISC2101进行;水分测定按照JISK0068进行。其他分析则根据另行制定的方法进行。绝缘破坏电压须在30(kV/2.5min)以上。水分含有量须在60ppm(1ppm=0.0001%)以下。

发现异常时,需要详细分析确认。

(2)金属网过滤器的清扫方法

冷却风从电动送风机的吸入侧吸入,但为了减少该部分进入冷却装置内尘埃渗透量从而降低油冷却器的使用效率,特设置了单按操作即可卸下的金属网过滤器。主要步骤:①拆下电动送风机侧面盖板;②用尼龙刷或真空吸尘器清扫过滤器。

(3)油冷却器的清扫

油冷却器的清扫主要步骤:①拆下清扫窗,检查冷却片部位堵塞情况;②用尼龙刷或真空吸尘器清扫过滤器清除尘埃;③从冷却器出口方向反向吹入压缩空气。

(4)主要零部件更换周期

温度继电器:10年。

油流继电器:10年。

电动油泵:仅轴承10年,当有异音发生时更换。

各类阀门:根据检查结果决定。

(5)变压器常见故障分析及处理

温度继电器动作。温度达到135℃,入口被切断。原因:过载;油冷却器堵塞;送风机故障;温度继电器自身故障。

油流继电器动作。循环油量大致减少到120L/min以下,入口被切断。原因:油泵故障;漏油引起空气进入;油温低;油流继电器自身故障。

释放阀动作。变压器内部油压达到0.1MPa以上,喷出油或分解气体。原因:内部异常过热;内部放电;吸气孔堵塞;外部短路冲击。

四、牵引变流器检修

牵引变流器是电动车组牵引传动系统最重要的部件。牵引时,它从牵引变压器牵引绕组输出处接收单相工频交流电,经脉冲整流装置整流成直流电,通过中间直流电路稳压后,最后由逆变装置逆变成频率可变、电压可变的三相交流电输出,驱动交流异步电机工作。而制动时,它以与牵引过程完全相反的路线将来自工作在发电机工况的牵引电机产生的再生制动电能输送回牵引变压器,最后返回到电网上去。编者以 CRH₂ 动车组牵引变流装置的检修工艺为例。

(一)CRH₂ 动车组牵引变流装置的主要结构和主要技术规格

1.主要结构

CRH₂ 动车组牵引变流装置由三点式脉冲整流器、中间直流电路、三点式逆变器、真空交流接触器等主电路设备以及无触点控制装置、控制电源等控制设备组成,上述设备安装在 1 个箱体内,箱框采用铝合金结构,以减小牵引变流器重量。

牵引变压器牵引绕组输出的 AC1500V、50Hz 单相交流电源,输入牵引变流装置的三点式脉冲整流器以 PWM 斩波方式进行整流,控制中间直流电压牵引时 2600~3000V 内,再生制动时稳定在 3000V,三点式逆变器采用异步调制、5 脉冲、3 脉冲和单脉冲相结合进行控制。牵引变流器输出电压、频率可调的三相交流电驱动 4 台并联的牵引电机。

CRH₂ 动车组采用的牵引变流器型号为 MAP-304-A25V141,箱体中央位置配置脉冲整流器功率模块(2 台)和逆变器功率模块(3 台)。牵引变流器靠列车侧面配置两台电动鼓风机(主送风机),向功率模块冷却器送风。箱体内部集中设置真空接触器、继电器单元和无触点控制装置等。

2.主要技术参数

型号:MAP-304-A25V141 系列。

方式:变频器部分:单相电压 3 级 PWM 变流器;逆变器部分:三相电压 3 级 PWM 逆变器。

额定参数:①输入 1285kV·A(单相交流 1500V/857A/50Hz);②中间直流电路 1296kW(直流 3000V/432A);③输出:1475kV·A(三相交流 2300V/424A/0~220Hz)300kW 牵引电机×4 台并联连接。

开关频率:变频器:1250Hz;逆变器:500~1000Hz。

冷却方式:液体沸腾冷却强制通风方式。

主要构成部分:①功率单元;②过压控制可控硅单元;③充电单元;④真空交流接触器;⑤电阻单元;⑥交流变压器单元;⑦无触点控制装置;⑧控制电源;⑨电动送风机。

控制电源、辅助电源 DC110V;三相交流 400V、50Hz。

(二)动车组牵引变流器检修

1.检修工艺

该装置的检修主要以清扫检查为主,一旦发现紧固件松动应立即紧固,发现元器件异常必须马上更换。但该装置属于专业化程度较高的高科技设备,一旦出现故障或需要大修时,通常送到专业制造工厂进行集中检修。

对于一般变流装置的检修应重点对以下4方面进行检查。

(1)清洁通风区域及散热片

大功率半导体元件在工作时会发热,为了保护元件,通常这些元件安装在散热片上,而散热片通过通风冷却。如果散热片上灰尘堆积过多,或者通风风道内有异物,都会影响元件散热性能。因此应经常对通风区域及散热片进行清洁去除散热片内的灰尘和碎屑。在散热片间必须没有阻挡空气流入的阻塞物。

(2)检查半导体元件的安装

为了使元件与散热片接触良好,在安装过程中,通常对用于固定半导体元件的螺栓或螺母的紧固有扭力要求。在检修中,应使用扭力扳手对螺栓或螺母的安装扭力进行复测,防止列车在运行时因为振动而使半导体元件与散热片接触不良或脱落。

(3)清洁控制板

控制板通常为印刷线路板,在检修中应小心清洁。在清洁检修中,检修人员应采取防静电措施,保证线路板上元件因受静电影响而损坏。同时,如控制板上有接线端,应对接线端进行清洁。必要时进行打磨,以保证与电缆、控制线接触良好。

(4)检查电缆

检查电缆外层是否有老化,破损情况。应清洁,打磨线缆连接端。

2.CRH$_2$动车组牵引变流装置检查项目

CRH$_2$动车组牵引变流装置主要由装置整体(箱体)、功率单元(IGBT)、送风机、真空接触器、继电器单元、无接点控制装置和其他构成部分等组成。其具体检查保养项目如下。

(1)检查保养

装置整体:①外观检查。有否外伤和外罩损伤,以及安装状态是否良好,应无异常。如有损伤的要修理。②有无密封垫的损伤、劣化(检查面罩、底罩主送风机排气口),并应有弹力性。永久变形应在3mm以下。对损伤及永久变形严重的要进行更换。③通电部。有无松动、加热痕迹,应无异常。如有松动,需加强紧固。对有加热痕迹等、有异常的要修理、更换。④有无导体杆的损伤、绝缘处理部的劣化,固定状态是否良好,应无异常。如有松动,要固定。有异常的要更换。⑤有无电线的损伤、劣化,固定状态是否良好,应无异常。如有松动,要固定。有异常的要更换。⑥有无接头部的松动、焊锡部、压接接头的损伤、劣化,应无异常。如有松动,需加强紧固和修理。有异常的要更换。⑦有无光缆的损伤,应无异常。损伤严重的要更换。⑧光缆的衰减量检查:衰减量应在3dB以下,否则需更换。⑨装置内污损检查,应无污损。有污损时应吹气清扫。⑩有无内藏机器(单元)的损伤、变色,应无异常。如有异常,需修理、更换。

功率单元:①滤波电容。连接接头部的松动、外壳鼓起,应无异常。外壳鼓起(单侧)应满足以下标准:脉冲整流器:10mm以下;逆变器:7mm以下;加强紧固(6.5～7.5N·m),外壳鼓起严重的要更换。②本体安装部的密封垫有无损伤、劣化,并应有弹力性。永久变形应在3mn以下。损伤及永久变形严重的要更换。③冷却器。检查凝缩部的孔眼堵塞、污损情况,对孔眼堵塞、污染程度进行记录。通过吹气清扫消除孔眼堵塞。若孔眼堵塞、污垢等通过清扫不能完全去除时,需更换。注:功率单元的温度上升感应在动作时,必须进行清扫。④门极驱动。检查印刷基板表面、光连接器的污损,应无污损。通过吸引清扫。⑤主电路导体杆。绝缘处理部有无损伤、劣化,以及固定状态是否良好,应无异常。若绝缘处理部损伤及劣化严重时,需更换。应加强紧固(通过规定的紧固扭矩)。

注:上述②～⑤项,通常在通过主变换装置主框架来拆卸功率单元状态时实施。

送风机(主送风机和辅助送风机):①外观检查。有无紧固部的松动、损伤、变形,应无异常。应加强紧固。根据必要进行分解检查。②有无异常振动、异常噪声,应无异常。根据必要进行分解检查。③有无防振橡胶的龟裂、破碎,检查其劣化,应无龟裂、破碎。硬度应无异常。出现异常时,需更换(推荐更换周期:每2次大修)。④叶片车等的清扫,应无污损。送风机全体的吹气清扫、叶片车用布擦拭清扫。⑤轴承。应无异常。如发现异常,需更换(在不超过6年的范围内,更换周期可以延长)。

真空接触器:①紧固部的松动。应无异常,同时加强紧固(通过规定的紧固扭矩)。②污损检查。应无异常,可用布擦拭清扫。③有无通电部的变色、生锈,应无异常,否则更换。

继电器单元(平型继电器):①外观检查。应无异常、污损。可吹气清扫。如有异常,需更换。②紧固部的松动。应无异常。发现松动时,应加强紧固(通过规定的紧固扭矩)。③接点的多余行程的确认。多余行程应满足:新品时≥0.7;限界值≤0.2。如有异常,需更换平型继电器。④线圈的性能。电阻值:100Ω($\pm5\%$);动作电压:14.4V 以下;释放电压:2.4V 以上。如有异常,需更换平型继电器。

无接点控制装置:①印刷基板表面、连接的连接器的污损。应无污损。可吸引清扫。②连接器的表面及连接器的连接部(触头等)弯曲等异常。应无异常。如有异常,应在和厂家商量的基础上,进行处置。③部件、锡焊应无劣化、损伤。发现部件过热、腐食时,在和厂家商量的基础上,进行处置。焊锡的地方(特别是发热部件)有劣化倾向时,实施补修锡焊。④连接的连接器、印刷基板的使用连接的连接器,绝对不要过多触摸。对通常印刷基板不进行抽出插入。如果抽出插入时,必须检查连接的连接器的污损(指纹或其他)后,抽出插入2~3次。⑤记录用蓄电池电压测定应在3V以上。若在3V以下时,需更换。

其他的部分检修:①热交换器有否变形、腐蚀。应无异常。如有异常,应在和厂家商量的基础上,进行处置。②热交换器的孔眼堵塞检查应无异常的孔眼堵塞。可吹气清扫。③空气过滤器的孔眼堵塞检查。每次月检要清扫(推荐更换周期:每次大修)。应无异常的孔眼堵塞。最初的3年间每隔6个月要检查过滤器的污损、装置内部的污损。④电磁接触器(充电单元内)应无异常。如有异常,应更换。⑤过压抑制可控硅单元内、门极基板有无变色、劣化、损伤,应无异常。如有异常,应更换。⑥门极用电源有无变色、劣化、损伤,应无异常。如有异常,应更换。

(2)部件更换

使用过程中需要及时更换主要易损部件,具体更换部件和更换周期见表7-3。

表7-3 主要易损部件更换一览表

序号	使用部位	更换部件	更换周期	备注
1	检查面罩底罩	密封垫A	每2次大修	有损伤的或永久变形严重的
2	主送风机排气口	密封垫B	每2次大修	——
3	主送风机	防振橡胶	每2次大修	厂家推荐更换周期:每次大修
4	各部位	轴承	每2次大修	在不超过6年的范围内,更换周期可以延长

续表

序号	使用部位	更换部件	更换周期	备注
5	辅助送风机	防振橡胶	每2次大修	厂家推荐更换周期:每次大修
6	无接点控制装置	印刷基板	推荐10年	根据电解电容的寿命
7	各部位	AVR(DC电源)	9年	根据电解电容的寿命
8		蓄电池	6年	在3V以下更换(详细根据无接点控制装置情况)
9	功率单元	密封垫C	每2次大修	有损伤的或永久变形严重的
10		门极基板	推荐10年	根据电解电容的寿命
11		密封剂		功率单元拆卸时
12	空气过滤器	空气过滤器	每次大修	

第六节 动车组制动系统检修

动车组制动系统是动车组的重要组成部分之一。

本节以CRH₂制动系统采用复合制动模式为例,即再生制动+电气指令式空气制动。电气指令式空气制动采用微机控制的直通式电空制动。CRH₂制动系统由制动控制系统、基础制动系统及空气供给系统三大部分组成。

修程介绍:CRH₂型动车组制动装置各部件也同动车组检修工作是同步进行的,采用一至五级五个修程级别。制动装置各部件在一、二级检修时,由于运行时间间隔较短,多采用检查和测试的方法。表7-4所示为动车组制动系统一、二级检修范围。

表7-4 动车组制动系统部件一、二级检修范围

检修项目	检修要求	一级	二级
夹钳装置	检查	◎	◎
增压缸	检查	◎	◎

检修项目	检修要求	一级	二级
BP管、MR管、油路管检查	检查		◎
空气压缩机及附属装置	检查		◎
常用制动	试验	◎	◎
综合制动	测验		◎

制动装置各部件在三、四、五级检修时由于运行时间间隔较长,采用全面解体方式对制动装置各部件进行深程度、大范围的检修,以保证这些部件能够在较长时间内正常工作不发生事故。以 CRH$_2$ 型动车组司机制动控制器在三、四、五级检修时的工艺流程为例,予以介绍。

一、空气压缩机的检修

空气压缩机是用来产生压缩空气的机械设备。在动车组上,压缩空气除了供给制动机使用以外,还要供给自动控制、风动装置以及动车组车厢门开闭等使用。CRH$_2$ 型动车组使用的是 T$_e$2000B 型电动空气压缩机,该空气压缩机电动机的电源由传感器控制。电动空气压缩机及除湿装置分别吊装在专用吊架上。安装在3、5、7号车上。

该电动空气压缩机的结构是用法兰盘拼合压缩机与电动机作为整体结构,且用内装的联轴节来传递动力。压缩机和电动机以凹窝方式装配,无须定心工作。联轴节的轴线方向装配面插进调隙用的填隙片。

(一)空气压缩机的故障诊断及信息和处理意见

表7-5列出了空气压缩机的主要故障诊断及信息和处理意见。

表7-5 空气压缩机的故障诊断及信息

异常及故障现象	原因	处理
压缩机不运转	电动机故障	参照电动机使用说明书
	外部机器故障	检查、调整、保养外部机器
容积效率不良	各连接部泄漏	更换密封垫、加固连接部
	吸入滤油器孔被堵塞	清扫过滤器芯片

异常及故障现象	原因	处理
	板阀破损	更换板阀
	阀门部通路上有积尘	清扫阀部通道及更换润滑油
	活塞环磨损	更换活塞环
	气缸磨损	更换气缸
	各连接部泄漏	更换密封垫、加固连接部
	活塞环、油环磨损	更换活塞环、油环
油耗过多	活塞磨损	更换活塞
	气缸磨损	更换气缸
	供油过多	适量供油
	供油量过少	适量供油
	滤油器孔被堵塞	清扫滤油器
油压低下	齿轮泵磨损	更换齿轮泵
	欧氏联轴节故院	更换欧氏联轴节
	溢流阀磨损、阀弹簧不良	溢流阀的更换
	各连接部松弛	紧固各连接部
	联轴节异常	更换橡胶联轴节
有异常音	轴承异常	更换轴承
	各部间隙异常变大	更换异常磨损部
	高压阀异常	更换板阀
中间冷却器安全阀喷气	阀密封垫泄漏	更换阀密封热
	排出压力异常高压	确认配管的清扫,调压器,主储气器安全阀的动作
润滑油的急激劣化	压缩机异常过热	中间冷却器的外部清扫

异常及故障现象	原因	处理
	外部垃圾侵入	清扫吸入滤油器

(二)空压机解体和清洗

1.检修前的分离过程

空气压缩机组在检修前由动车车底整体拆下,经压缩空气吹扫后将空气压缩机、电动机及联轴节进行分离,分别送到不同的专修班组进行检修。

2.主要设备与工具

空气压缩机检修需要的设备有空气压缩机试验台、风阀试验台、油泵试验台、散热器试验台、气缸套珩磨机等;需要的工具有各种通用扳手、各种专用拆卸工具、加热器、吊具以及各种测量仪表、量具等。

3.解体前的外观检查

外观检查内容包括机体各部是否有裂纹、破损、渗油现象;手动盘转曲轴检查转动是否灵活;各部分零部件是否齐全。

4.解体

将空压机安装在专用检修台座上,拆下放油堵放尽润滑油。按照空压机检修流程为:首先拆下安全阀、连接管、空气滤尘器和消声器;进一步拆下气缸盖罩取出风阀、中间冷却器;然后将空压机翻转180°,拆下油底壳,取出油面记(油尺)、滤油网等件。

(1)活塞、连杆组分解过程

盘动曲轴至合适位置(活塞至上止点处),松开1、4位(2、3位)气缸连杆螺钉,取下连杆瓦盖、瓦,用铜棒轻击连杆大头,依次将活塞组从气缸内取出,进一步将活塞组分解。

分解时应注意下述过程:①分解下来的连杆组各个部件(包括连杆瓦盖、瓦、连杆螺钉)应按原配组装在一起,不得混装。②拔出活塞销。拆掉活塞销两侧定位卡簧后用铜棒垂直抵住活塞销,用木锤轻轻敲击将其取下。③气环、油环的取出。用压板一边沿活塞圆周方向撬动一边将活塞环向上移动而取出。取环应从距活塞顶面第一道环开始依次取出。而且要注意不能用强力,如用强力将活塞环向上或向下撬动,会使活塞环折断;也可以用专用活塞环卡钳取出气环、油环。

(2)曲轴组分解过程

将活塞组、连杆组从机体上拆下后,下一步就要将曲轴组从机体上拆下。而拆卸曲轴组的关键是曲轴组与机体两端各有一个滚动轴承的顺利取出。其中滚动轴承内圈以过盈配合的方式安装在曲轴轴颈上,外圈以过渡配合的方式安装在机体上,因此在作业过程中必须借助一些专用工具才能完成。拆卸时应注意下述过程。

轴承外圈的拆卸:由于轴承箱用4个M10双端螺栓被固定于曲柄箱上(机体上),轴承外圈与机体间配合不是特别紧,且位置在外侧,所以应先卸下轴承箱、轴承外圈。即用直径为110mm的工具压在轴承外圈上,施加一定的力将轴承外圈从轴承箱上拆下。

曲轴、轴承内圈的拆卸:将轴承箱、轴承箱、轴承外圈拆卸图轴承外圈拆卸后,下一步就准备卸下曲轴、轴承内圈。由于轴承内圈以过盈配合的方式安装在曲轴轴颈上,所以在拆卸时可利用专用拔除器才能完成,拆卸前可以对轴承内圈进行预热处理。

油封的拆卸:借助直径为94mm的工具压在油封上,施加一定的力将油封从轴承盖上拆下。

5.清洗

用清洗剂或其他溶液将各零部件按照清洗要求进行清洗,并用压缩空气吹扫干净;活塞、连杆组件内外表面用绸布擦拭干净。

(三)主要部件检查修理

1.气缸体

外观检查气缸体,有裂纹者必须更换;工作表面上如有线性瑕疵或锈蚀应用圆柱形油石打磨光滑。用内径千分尺测量气缸直径(至少测量三个部位)以确定气缸磨耗情况,气缸圆度和圆柱度不得大于0.15,超限可镗磨修复;高、低压气缸直径最大处不可超过上限,否则应更换。内表面不得有裂纹、严重拉伤,麻点和凹坑深度不超过0.05mm、长度不超过20mm。

2.曲轴

探伤检查曲轴主轴颈和连杆轴颈,要求表面和过渡圆弧处不得有裂纹,否则应更换。用外径千分尺测量主轴颈和连杆轴颈直径(至少测量三个部位),轴颈圆度和圆柱度不得大于0.08、拉伤深度不超过0.10,轻微拉伤可用00#砂布打磨处理。

联轴器端键槽应良好无变形,键与键槽配合应良好,如键槽尺寸扩大可堆焊修复;轴头锥面与联轴器孔接触面积应保持在75%以上;检查曲轴后端轴承内圈与曲轴配合状态,如松脱时,允许在轴颈上镀铬处理或更换轴承。

3. 活塞

活塞表面不得有裂纹和严重拉伤,轻微拉伤可用00#砂布打磨处理;按照规定位置测量活塞外径尺寸,做好记录,圆柱度大于0.15需更换新活塞;测量活塞销孔径尺寸,做好记录,圆柱度大于0.04,需更换新活塞。

将活塞装入气缸内,用塞尺测量活塞裙部与气缸的配合间隙,应为0.32~0.50mm,否则需更换新活塞。

注意:更换新活塞时应考虑新旧活塞重量不可相差过多。

4. 活塞销

活塞销做探伤检查,不得有裂纹,表面无严重拉伤;测量活塞销径尺寸,检查它与活塞销孔间的过盈量是否满足要求。

5. 活塞环

检查气环、油环工作表面,如有拉伤、偏磨以及环发生翘曲时应更换;用环规或在气缸内检查气环、油环的闭口间隙,在自由状态下检查气环、油环的开口间隙,用塞尺测量活塞环在环槽内的侧向间隙,以上各间隙都应符合工艺要求。

另外,活塞环在定期检修时最好全部更换,以保证其能够安全工作到下一次定期检修。

6. 连杆组

连杆、瓦盖及螺栓经探伤检查不得有裂纹,螺栓及连杆体丝扣应良好;测量连杆小端衬套孔尺寸,圆度和圆柱度不得大于0.06,否则需更换,更换衬套时与孔的过盈量应满足工艺要求;测量连杆螺栓长度,不得大于工艺要求的上限,否则需更换。

检查轴瓦工作表面状态,应无剥离、碾片、拉伤等缺陷,合金层厚度不小于规定值。安装时应检查轴瓦内外表面与孔、轴颈间的接触面积,前者不小于80%,后者不小于90%。

7. 风阀

将风阀进行分解并用柴油清洗干净;检查阀片、阀座,不得有变形、严重磨损,阀片与阀座间接触良好转动灵活,经研磨后两者间应密贴;检查弹簧,不得有变形、裂断、节距不均,自由高度应满足要求。检修后的风阀,应用洁净的煤油进行漏泄试验,保持1min无漏泄现象。

8. 油泵

将油泵进行分解、清洗干净并用压缩空气吹扫干净;探伤检查齿轮轴,不得有裂纹,齿面不得有剥离;测量检查,齿轮轴与衬套孔的径向间隙应为0.016~

0.100mm,油泵与泵体径向间隙应为0.06～0.20。油泵组装好后应转动灵活。油温在10～30℃时进行性能试验,应运转正常、无漏泄,油压满足150～390kPa的要求。

9.安全阀

将安全阀进行分解、清洗干净并用压缩空气吹扫干净。检查阀座及阀口是否密贴,如有伤痕应研磨消除;检查弹簧不得有变形、裂断、节距不均,否则需更换新品。

检修后组装完毕应进行性能试验,开启压力390kPa,开启顺利,压力下降安全阀关闭时不许有漏泄现象,最后打好铅封备用。

(四)组装

按与拆装相反的流程进行组装。具体的组装方法在这里不再详细介绍,组装时的要点如下:①将滚柱轴承放入油温为120℃油内加热,然后以热压方式安装在曲柄轴上。②给轴承箱压装滚柱轴承外圈,在轴承盖上压入油封。压入时注意不要损伤油封的橡胶材料。③将曲轴装入曲轴箱上。④安装好曲轴的联轴器,两者用键连接。键与曲轴上的键槽有0.01～0.02mm的过盈量。键与联轴器上的键槽可用手试着来确认松紧度是否合适。在装入联轴器前要在轴上涂覆一层薄薄的二硫化钼润滑剂。⑤确认连杆瓦与曲轴的接触状态。用250kgf·cm紧固力矩将连杆紧固在曲轴上,并以匀速旋转来确认。组装时要使连杆杆身与连杆大头瓦盖的标记一致。⑥在活塞上安装气环、油环。利用专用工具由下至上逐次安装各道活塞环,以气环、油环在活塞环槽内能无阻滞的活动来确认组装质量,并使上标记面朝上来组装。

(五)空压机试验

1.试验准备

安装油压计;在中间冷却器上安装压力计;加润滑油至油位计的MAX线;确认电动机的绝缘状况。用1000V的兆欧表,绝缘电阻要在5MΩ以上(运转之前)。

2.磨合运转及溢漏油试验

磨合运转及溢漏油试验在组装过程中,安装气缸盖之前测定。

磨合运转。在将缸盖从压缩机组件拆除的状态下,低速运转(100～200r/min),连续运转5min后,确认各部状况。

标准:各部无漏油、油压上升、无异音、无异常升温。

溢漏油试验。在将缸盖从压缩机组件拆除的状态下,按照额定速度连续运转30min,确认缸体顶面的溢漏油情况。

标准:30min内缸体上没有油珠滴下。

3.性能试验

连接试验用的风缸、各种仪表和塞门等装置后再进行以下试验项目。

(1)负荷温度上升试验

连续运转30min运转后的热机状态下电动机旋转速度要在1420_0^{+70}r/min的范围内;各部温度上升值要在表7-6中的值以下。

表7-6 各部温度上升值

部位		温度上升值/K
空气压缩机	低压缸体	100
	高压缸体	150
	低压缸盖	150
	高压缸盖	200
	轴承	60
	油温	80
电动机	轴承(温度计法)	70
	定子线圈(电阻法)	180

(2)油压试验

下列条件下,即负荷压力885kPa、电动机外加电压AC400V(50Hz)、30min连续运转,每10min测定一次油压。

标准:油压范围为145~390kPa。

(3)风阀的泄漏试验

风阀的泄漏试验步骤如下:①负荷储气器的压力上升到900kPa以上并停止,确认泄漏储气器的压力在885kPa以上。②泄漏储气器的压力下降到885kPa时开始,确认在额定时间内泄漏储气器的压力下降。(标准:1min内75kPa以下)。③负荷压力885kPa以下,运转、停止连续操作3次、确认停止时的中间冷却器内压力的衰减。(标准:1min内无压力上升。)

（4）启动试验

条件：启动时的负荷压力：0kPa。

外加电压：AC360V（50Hz）。

启动方式：直接启动。

标准：在上述条件下启动，各部无异常情况下，达到运转状态。

（5）重复启动试验

条件：启动时的负荷压力：0kPa。

外加电压：AC360V（50Hz）。

启动方式：直接启动。

在上述条件下，以2min为间隔共进行5次重复启动。但再启动时的负荷压力，要减小至符合上述条件时才可再启动。

标准：各部无异常情况下，达到运转状态。

（6）失速试验

在额定状态下运转，将外加电压慢慢地下降，测定电动机失速时的电压。

负荷压力要维持在额定压力。

标准：不足360V。

试验步骤：①以从试验装置高电压侧能测定的最低电压无法失速时，停止运转，负荷储气器的压力为0kPa。②将外加电压转换为低电压侧，以从低电压侧能测定的最高电压再启动。③使负荷储气器的压力上升至额定压力，重新开始试验。

4.试验结束后作业内容

排净润滑油、并要清洗曲轴箱、油底壳的内部。

将在泄漏试验中涂的压缩机油擦拭干净（装置要充分凉透）。

卸下油压计、压力计，在油压计、压力计上拧入管塞、安全阀。

在排出口设置保护盖（塑料盖）。

确认各部分均如图纸要求组装无误。

（六）空气压缩机润滑油更换作业办法

1.检修保养周期

定期更换润滑油。每运行60万km或每24个月必须更换润滑油。

初期更换润滑油。初期使用新压缩机时，各部存在初期摩擦，润滑油会出现早期劣化，因此必须进行初期更换，应在压缩机开始运转150h后实施。

2.更换、补充润滑油

要求:首先卸下位于曲轴箱正面的给油盖,然后通过位于同一面的油面计确认油位,同时给油。给油量以油面计 MAX 线为标准,初期给油量约为4.5L。若需达到油面计 MAX ~ MIN 线,需要约2.5L。

更换润滑油要点:①油面高度不能超过油面计 MAX 线。②不能混用不同品牌的润滑油。③更换润滑油时,应从曲轴箱正面的排油管排出剩余的润滑油,并清洗曲轴箱、清扫滤油器,然后加入新的润滑油。④润滑油应使用黏着等级 ISOVG100 压缩机专用油。指定润滑油为 Mobil 生产的 Rarus827 润滑油。⑤运用期间,对混入润滑油并堆积在储油器内底部的冷凝水需适时排放。排放时,可拧松曲轴箱的排放管,此时应注意润滑油也会随着冷凝水一起排放(应监控油面计考虑适当补油)。[①]

3.注意事项

确认吸入式滤尘器盖等的挂钩及各部安装零件是否存在松弛。

维护作业须在压缩机停止后约2h后进行。否则有可能接触高温部,导致烫伤。进行维护作业时,要在稳定的场所进行作业,避免部件掉落导致受伤产生故障。

取下吸入式滤尘器过滤器时,要使用防尘眼镜、防尘口罩。因为粉尘等物质有可能进入眼睛、嘴等,造成人身伤害。

润滑油必须使用规定的润滑油或与此同等的润滑油并定期更换。润滑油劣化、润滑不良有可能因电动机电流过大而引起烧损及发热,最终导致火灾。

压缩机停止后,约2h以后才可打开排油口,防止润滑油温度过高导致烫伤。

更换密封垫或剥下密封垫时,需要使用锐利的刀具,注意要避免划伤。

二、制动机阀件检修

CRH$_2$型动车组制动机主要阀件有司机制动控制器、EPLA 电空变换阀、FD-1型中继阀等部件。

(一)司机制动控制器的检修

司机制动控制器用于操纵动车组制动和缓解作用。

1.检修主要设备与工具

设备与工具为司机制动控制器试验台、通用扳手、专用扳手、毛刷、钳子、500V 兆欧表等。

---

①商跃进,薛海. 动车组车辆设计技术[M]. 成都:西南交通大学出版社,2021:105-107.

2. 解体前检查

松开外罩,用毛刷清扫各部灰尘,外观检查各触指、凸轮磨损程度,触指开距、超程、外罩及转轴等。

3. 解体检修

解体检修注意事项:①内部不能有垃圾及灰尘等进入;②注意凸轮开关接点部不要有毁损;③球轴承(轴承)是两面密封式,所以不需要加油;④球轴承(轴承)不能用有机溶剂清洗,只要用干净的布擦拭即可;⑤分解作业时受损伤的球轴承(轴承)不得再使用;⑥凸轮轴的表面不要涂抹油类等物。

解体检修过程如下。

拆除定位机构,并用汽油对其进行清洗,检查棘轮及杠杆,应无过量磨耗和变形,检查弹簧,应无锈蚀、断裂、拉力正常;用专用工具拆除手柄座螺丝,取下手柄座并检查手柄座的配合状态,其间隙不大于0.2。

用扳手拆除上下端螺丝,解体转轴凸轮及触指。检查凸轮圆鼓,应无拉伤,磨耗不大于0.2,如有轻微拉伤可用细砂布消除;检查绝缘件,应无灼伤,如有灼伤,需用旧锯条铲除灼伤的碳化物清除碳粉,并对修复部位涂快干绝缘胶处理;用500V兆欧表测量处理后的圆鼓对轴的绝缘,绝缘电阻不小于5MΩ;检查凸轮与轴的配合状态,应无松动。拆下静触指上各接线及静触指组固定螺丝,取下静触指组。检查触指状态,触指厚度不小于原形的2/3,且无严重烧损和变形,如有轻微烧损可用小锉刀锉修烧痕以消除铜瘤;检查胶木座及导电片,应无断裂;用酒精擦拭插座内部、用丙酮擦拭各线号并按相应的检修工艺检修插头座、端子排、线束。

4. 组装调整

首先组装动、静触头。组装时,各转动机械磨耗处涂3#锂基脂;组装凸轮和转轴安装触指,并调整各静触指与对应动触头的接触状态,用扳手紧固上下座的螺丝。

其次组装定位机构。组装棘轮,紧固好穿销及定位螺丝,挂好定位弹簧。这时应进行调整和测量工作:检测触指开距、超程及接触线长,要求是触指开距大于2.5、触指超程1~3、接触线长不小于3;测量触指压力应在2~4N内;调整好后在圆鼓工作面涂适量工业凡士林。

最后安装手柄座、插座及连线,要求各静触指接线正确、牢固。

5. 检查与试验

操纵手柄,观察定位机构棘轮的作用状态,要求手柄操纵灵活、各位置正确、不过位,操纵作用力不大于30N,自复位良好;操纵手柄,观察各触指接触状态,要求触头接触良好、电路导通良好,能按闭合表顺序闭合;绝缘检查,用500V兆欧表测量触指、凸轮之间及对地绝缘,绝缘电阻不小于5MΩ。

(二)EPLA电空转换阀检修

电空转换阀的作用是将送来的压缩空气调整到与制动指令相对应的空气压力,并作为指令压力送给中继阀,控制向中继阀供给、排气的工作空气压力,它能够连续且无级地控制空气压力变化。本阀以电磁铁部和供气、排气部来构成。电流通到电磁铁线圈,就产生吸引力放开供气阀,供给压力空气。同时,压力空气返回到电空转换阀的膜板室,当膜板室内空气压力与电磁阀的吸引力达到平衡状态时会关闭供气阀。为此,能以流通到线圈的电流值来控制电磁阀吸引力之大小,即可以任意设定空气压力值。

1.分解、组装

必须定期进行拆卸检查,金属零件要用干净汽油洗净,橡胶零件要用肥皂水或用水洗涤干净,然后用干燥的压缩空气吹扫,充分干燥后,选择不会直接暴晒在太阳的地方保存(或直接更换新品);此时,应检验各零件有无损伤或缺陷,膜板、垫圈等必须定期更换;检查弹簧状态,如有异常情况,更换新品。

2.组装、调整

组装应按照分解的相反顺序进行。必须在重新装配时,给摩擦部、滑动部及橡胶零件涂敷利马科斯No.2,或涂敷与它等同的润滑脂。

另外,需要对必要步骤进行调整。

排气升程调整:在柱塞上端和承受弹簧部位之间插进填隙片,使柱塞移到松弛位置后,测量升程A。选择适当厚度的填隙片,而满足于升程A的规格值。

规格:A=0.70±0.05mm。

供气升程调整:向上推圆筒形线圈柱塞直到碰上止挡、测定LIFTB。LIFTB选择垫片的厚度满足规格。

规格:B=0.6~0.8mm。

3.检测、试验

组装后应进行下列检测:①绝缘电阻检测,应不低于规定电阻值,如达不到规定电阻值可进行烘干等措施提高电阻值;②绝缘耐压检测,用专用耐压检测仪检查绝缘部分有无损伤、击穿等现象;③泄漏检测,检查进、排风口有无泄漏。试验内容包括容量试验和动作试验(启动试验、电空特性试验等),以验证电空转换阀是否符合运用要求。

(三)FD-1中继阀检修

中继阀设在制动控制装置内,由给排阀杆、给排阀、复位弹簧等构成。它将电空转换阀输出的空气压力和紧急电磁阀输出的紧急制动压力作为控制压力,向增压缸提供与此控制压力相应的增压缸空气压力。(当车辆设备发生故障时,经由紧急电磁阀的压缩空气作为指令压力送到中继阀,此时中继阀与常用制动一样,将具有相应压力的压缩空气送到增压缸。)

1.FD-1型中继阀分解

将环形垫圈拆下,松动M12螺母,拆下底盖;把活塞从给排阀棒中拔出,拆下O形环和下边的扁平膜板;把排阀棒从阀体拔出,拆下O形环和上边的扁平膜板。

拆下弹簧,从阀体中拆下六角螺栓,拔出上盖,拆下O形环;拔出供给阀,拆下O形环及弹簧。

2.清洗方法

在拆下来的部件中,金属零件使用金属清洗油,橡胶制品使用肥皂水,或者用水清洗后,向零件上吹入干燥低压空气,使其保持干燥。

3.检修

目视检查阀体、阀套,阀体应无裂纹、阀套镶嵌牢固、阀套工作面无拉伤和局部磨损等现象;目测、手动检查膜板无破损、夹板无变形,顶杆不得弯曲,顶杆与膜板挂接可靠;目视检查供、排气阀,橡胶阀垫应平整、压痕均匀且不得过深,对不平整或压痕过深者应用细砂纸在平面上研磨胶面,研磨后橡胶阀垫不得低于金属阀座面,否则须更换胶垫。目视、手动各柱塞及阀套O形密封圈,要求胶圈完好符合规定要求,对不良者予以换新。目测检查供、排气阀弹簧,无断裂、锈蚀,用直角钢尺测量各弹簧自由高,应符合规定要求;用游标卡尺测量各阀与套的配合间隙,应符合该修程的尺寸限度范围。

4.组装方法

组装前用绸布将合格零部件擦拭干净,再次用压缩空气吹扫纤维毛和浮尘。

组装时,按照和拆卸相反的顺序进行,零部件组装时,在O形环和给排阀棒供给阀的滑动部位涂上相当于SHELLALVANIANo.2的油脂,所涂润滑脂应适量。

组装过程中应注意:①供、排气阀组装时,挡圈必须全部镶入槽内,并手感检查供气阀、排气阀在阀套内各角度位置上应无卡滞现象。②主活塞膜板组装后箭头方向应与阀座安装面平行且向上,否则运行中可能造成膜板脱落。

5.试验

组装后在制动机综合试验台进行试验,各项性能指标符合要求。

三、基础制动装置检修

基础制动装置位于转向架上,由带防滑阀的增压气缸及油压盘式制动装置等组成。利用它们使车轮和钢轨之间产生制动力并通过卡钳的安装点把制动力传送给转向架。

(一)增压缸检修

增压气缸是为了使基础制动机构(卡钳)力求小型化,将空气压力转换为一定倍率的较高的油压,最终的制动力由高油压产生。

1.拆卸

先将油槽盖的16根带弹簧垫圈的十字槽盘头螺钉 M6 旋松,拆下油槽盖组件,取出防波板之后,将油槽横放,让残油排出。

松开 M12 六角螺栓,拆开压力控制阀组件,拆除挡圈,多孔板,金属网,滤尘器芯片;松开4根T形螺栓上的六角螺母,拆下油压缸组件。注意:拆除螺栓时,要注意释放弹簧的作用可能会造成油压缸体弹出的危险。

从空气缸体组件中取出释放弹簧和活塞组件;用竹片取出气缸密封件,抽出向轨圈;拆下固定挡圈,取出滤尘板和过滤器。

抽出开口销,拆下行程指示杆和行程指示杆弹簧。拆下固定挡圈,取出防尘密封和向轨。

在为清除残油而先行拆下的油槽盖组件上,拆下油槽防护罩,松开进油口盖。松开3根内六角圆柱头螺钉,拆除进油口和滤油器组件。拆下盖形螺母,松开钢管接头螺栓,拆除嵌入式接头组件。

松开四根六角头螺栓 M12,拆除油压盖组件;拆下挡圈,取出弹簧座、弹簧、止回阀;松开供给阀盖,取出弹簧、供给阀。

拆下挡圈、取出滤油器组件(有2处);松开四根内六角圆柱头螺钉 M6,拆除密封件压环、NY 型密封件、密封件压环圈。从密封件压环处拆除 O 形密封圈;拆下挡圈,拆除检油观察窗组件。

2.清洗

金属零件为了清除灰尘,油垢用白汽油洗净,然后用洁净的压缩空气喷涂使其干燥;非金属零件和金属零件一样用白汽油等加以清洗,不要长时间浸泡在液体中。

3.检修过程

确认各滑动部位无异常磨损以及严重的缺损。超出以下范围标准的,请更换新备品。密封件压环与活塞杆的间隙标准为0.225～0.284mm、密封件压环圈与活塞杆(124)的间隙标准为0.055～0.114mm。分别检查各弹簧的自由高度并进行承重测试。

对于各种橡胶零件应不同处理,滑动部位的O形密封圈应每次拆卸时更换、密封件的使用期限为两年以内;固定O形密封圈、环形密封垫、防尘密封、油封应每次拆卸时更换,使用期限为4年以内;气缸密封件、密封垫、膜板、防护罩、排气筒出现肉眼可以识别的缺损和裂痕、与新品相比硬度有明显差异时需更换,使用期限为4年以内。

5.组装

和拆卸时相反的顺序,需注意以下情况。

注意O形密封圈不要被咬伤或扭曲。

为避免密封件U180背面空气滞留,插入竹片将空气挤出。

密封件压环是插入临时活塞杆进行组装,组装后确认其对活塞杆没有过大的阻碍。

注意不要让润滑脂进入通气口处的过滤器的通路。

润滑油涂抹部位:①FFM-L润滑油。空气缸体内壁、密封件外层。②DYNAMAX2号润滑油。活塞杆外层、检油观察窗组件外层、密封件压环的O形密封圈、指示杆外层、防尘密封组件、主体连接部O形密封圈。③纯矿物有机变速机油。NY型密封件、供给阀外层、其他油压缸内的O形密封圈类。注意:不要让油附着在密封垫及其安装面上。

扭矩加固:①M6内六角圆柱头螺钉、M6十字槽盘头螺钉6.3N·m。②M12六角螺栓43.1N·m。③M16六角螺母79.4N·m。④行程指示杆向轨20.6N·m。⑤供给阀盖、钢管接头螺栓101N·m。

6.测试

组装结束后,安装在增压缸自动试验装置上,按照指定的检测标准,测试其性能应符合要求。

7.增压缸油补充、更换作业办法

增压缸油外观检查:①通过油位表上的标志检查增压缸油位,如油位低于油位表下线位置时进行补充更换。②检查增压缸油质,若发现变质、乳化、混有杂质时进行更换。③检查增压缸油位表、行程杆、注油孔、排油堵等各部位状态良好,紧固部件无松动。外观无变形、损伤、漏油。

更换润滑油步骤:①从增压缸组件上卸下注油孔盖,清洗滤网,确认防尘胶帽无裂损变形,卸下排油口的排油堵。②排净增压缸油箱中的机油,重新安装排油堵;从注油口注入力矩变压器油(TAFUNATORUKU油B)至油位线(红点)处。③给油箱加油时须做到小心轻缓,防止尘埃混入,结束后关闭并拧紧注油孔盖。

检查确认:注油完了,检查确认油量符合规定。增压缸外观状态良好,紧固部件无松动,各部位无漏油。

(二)盘式制动装置检修

1.盘式制动装置简介

盘式制动装置由夹钳装置、制动盘、制动闸片3部分组成。

现在的动车组普遍使用夹钳式装置。该装置制动夹钳、支架和剪刀形的夹紧制动盘的本体组成,支架和本体之间用销轴联结。

动车组中的拖车一般采用轴盘式盘形制动装置(每轴3个制动盘),而动车采用轮盘式制动装置,因动车的车轴上要安装驱动装置,没有安装制动盘的位置。闸片的形状均呈月牙形或扇形,也有对称分成两半的,其好处是容易拆卸,特别适用于闸片与轨面空间很小的条件。

2.盘式制动装置一、二级检修标准

闸片剩余厚度不小于7mm。

制动夹钳装置配件齐全,定位销轴定位良好,液压制动缸及管系无漏泄,制动夹钳主体无异状。

制动盘盘座无松动,螺栓紧固,配件齐全良好;制动盘裂纹、热裂纹不过限;制动盘无显著偏磨、变形、紧固螺栓无松动;制动盘热裂纹半径方向长度在70mm以下。

3.CRH_2型动车组闸片更换作业方法

安全注意事项:进行闸片更换作业时,须充分注意闸片的跌落。若与身体部分碰触则有可能给身体造成损伤,另外也会造成闸片的损伤;闸片的更换务必遵照正确的方法实施。

闸瓦的拆卸:切断下侧螺栓的旋转止动钢丝;松开螺栓,卸下螺栓及平垫圈(此时,须注意闸瓦的跌落);将由弹簧固定的闸瓦座子组合反车轴侧方向旋转,脱拔闸瓦(当闸瓦紧固较难脱拔时,可利用闸瓦的拉拔孔来脱拔);气缸侧的作业同样进行。

自动间隙调整装置的复位作业:复位作业中须充分注意,不可使手指等身体部位被闸片及夹具等夹住。闸片复位的量为闸片支持部接触至本体为止。要充分注意不可将闸片复位过量,若闸片复位过量,则有可能损伤闸片及本体,从而给制动性能造成故障。

在更换闸片之前,须将有一定余量的闸片磨耗量行程的间隙调整装置及活塞复位至初始状态。以闸片卸下的状态,在气缸反向侧的锁紧装置腕部和车轮之间装入夹具并使其向箭头方向动作,使间隙调整装置及油压气缸复位至初始位置。

新闸片的安装:安装闸片时,须在确认闸片支持牢固地插入固定销槽部的同时来进行安装。若未插好而强行紧固安装螺栓,则有可能造成闸片安装部位变形和引发闸片在行驶中脱落。

在气缸侧、反向气缸侧均安装新闸片的场合,须首先安装反向气缸侧的闸片;确认间隙调整装置及活塞已处于复位状态。在反向气缸侧安装时,须将闸片从本体下方沿闸片支持槽来插入直至触及上侧的闸片托座为止。

旋转闸片托座(外、下),使其回复至水平位置后,用固定螺栓和平垫圈将闸片旋紧,旋紧力矩为 $63.7 \sim 78.5 N \cdot m$。螺栓相互间用铁丝固定以防其转动。接着,设定气缸侧闸片时,从反向气缸侧压住本体使支持销的上部滑移。反向气缸侧也同样,从下方将闸片插入气缸侧闸片支持槽直至触及上侧闸片托座为止。旋转闸片托座(内、下),使其回复至水平位置后,用固定螺栓和平垫圈将闸片旋紧,螺栓相互间用铁丝固定以防其转动。闸片支持的头部须插入固定销的槽部位。

参考文献

[1] 石广田,曹兴潇.动车组工程[M].成都:西南交通大学出版社,2021:13-15.

[2] 吴丹.动车组概论[M].北京:北京交通大学出版社,2019:33-46.

[3] 梁炜昭.动车组运用与管理[M].北京:北京交通大学出版社,2022:26-30.

[4] 时蕾,石高山.高速铁路动车组运用与管理[M].成都:西南交通大学出版社,2021:58-60.

[5] 杨金凤.市域铁路调度指挥系统管控一体化方案探讨[J].交通与港航,2024,11(01):28-32.

[6] 王伯铭.高速动车组总体及转向架[M].2版.成都:西南交通大学出版社,2014:88-90.

[7] 岳译新,朱卫,王赵华.铰接式动车组车体结构设计[J].机车电传动,2023(01):19-23.

[8] 李国顺,郭力荣,陈璨,等.高速动车组轻量化技术与应用研究[J].铁道车辆,2022,60(06):10-14,24.

[9] 张坤,孟令锋.动车组车辆车端连接装置曲线通过能力分析[J].中国高新技术企业,2013(9):103-106.

[10] 张济民,邓海,叶都玮.列车设计与系统集成[M].上海:上海科学技术文献出版社,2020:77-85.

[11] 李向超,李世伦.高速铁路动车组控制系统维护与检修[M].成都:西南交通大学出版社,2019:48-52.

[12] 黄秀川,王峰.动车组牵引与控制系统[M].2版.成都:西南交通大学出版社,2018:63-74.

[13] 罗飞平,孙环阳,王群,等.高速动车组制动控制技术研究[J].机电产品开发与创新,2021,34(03):97-100.

[14] 申志锋.动车组交流传动技术及其应用探讨[J].科技创新与应用,2014(15):292.

[15] 李西安,王亦军.高速铁路动车组制动系统维护与检修[M].成都:西南交

通大学出版社,2019:162-167.

[16] 李冰毅,朱亚男.高速铁路动车组驾驶与运用[M].成都:西南交通大学出版社,2019:53-60.

[17] 王闪闪,张龙华,刘俊峰.动车组牵引系统维护与检修[M].成都:西南交通大学出版社,2023:66-72.

[18] 郭艺丹.动车组检修设备管理系统研究[J].赤峰学院学报(自然科学版),2023,39(12):13-15.

[19] 王艳爽,杨涛.关于动车组运用检修限度表的研究[J].铁道车辆,2021,59(02):119-122.

[20] 黄小刚.动车设备及综合维修工程[M].武汉:湖北科学技术出版社,2015:24-28.

[21] 王连森,林桂清.动车组维护与检修[M].第3版.成都:西南交通大学出版社,2022:220-224.

[22] 商跃进,薛海.动车组车辆设计技术[M].成都:西南交通大学出版社,2021:105-107.